◉広告が犇めくタイムズスクエア
観光客であふれ、この場所ではいろいろな
パフォーマンスが行われていた。→7頁

◉日本料理店『KODAMA SUSHI』のM板長
この店には場所柄ミュージカルの関係者
がよく訪れるらしい。→19頁

◉時代を見続ける『ニューヨーク公共図書館』
のライオン像。→33頁

◉フィフスアベニュー
世界中のブランドが集積しているところ。
しかし今回は改修工事中の店などが多く
見られた。セント・パトリック教会もそ
うだった。『ユニクロ』もこの通りに進出
していて賑わっていた。→9頁

◉『MoMA ニューヨーク近代美術館』
の【現代美術室】の展示品。→26頁

◉『NEW MUSEUM ニューミュージアム』
の現代美術の作品。→26頁

◉セントラルパークの自転車タクシー
この日は猛暑日で夕方4時過ぎでもまだ
日差しが強かったにもかかわらず、みな
さん思い思いの楽しみ方をしていた。
→10頁

◉『MOMOFUKU NOODLE BAR』
ヌーボーラーメンの代表選手。若
い人たちで一杯だった。→27頁

◉モモフクラーメン　16ドル
サプライズのトッピングは白菜の漬物。
パリパリ感のある海苔が欲しかった。
→28頁

◉シティ・フィールドでの学位授与式
猛暑の中の卒業式は来賓のハプニングを
目撃したおまけつき。→14頁

◉『St. Mark's Bookshop』
個人持込みの出版物のコーナー
もある良心的な書店。→29頁

◉『St. Mark's Bookshop』店内
この店は今閉店に追い込まれて
いるらしい。→29頁

◉バッテリー公園にある彫刻
『移民の群像』。→39頁

　バッテリー公園からはグランドゼロが新しく生まれ変ろうとしている様子が見えました。素材や建築デザインが斬新な建築中のビル群（1 ワールド・トレード・センター、200 グリニッジ・ストリート、175 グリニッジ・ストリート、150 グリニッジ・ストリート、130 リバティ・ストリート）、日差しが強いだけ乱反射も鋭く、まるで幾何学模様のオンパレードのよう。かつての凄まじい光景があった場所とは見違えるような新建築物で、きっと出来た暁には新たな人間の記憶を刻むモニュメントの役割も担うはずです。──本文 39 頁より

目　　次

超人のニューヨーク訪問記　2013年初夏

旅のはじめに	1
ニューヨークに来た先人の話	4
フィフスアベニュー歩き	9
セントラルパークでの楽しい出来事	10
シティ・フィールド球場でのＮ大学学位授与式	14
日本料理店『KODAMA SUSHI』	19
セントラルパーク余話	24
ニューヨークのラーメン最前線	27
ニューヨークの老舗書店	29
コロンビア大学図書館訪問とハプニング	30
ニューヨーク公共図書館とニューヨーク大学訪問	33
ウォール街そしてブルックリン橋	40
遥かなるニューヨーク	44
旅のおわりに	46
改訂版に寄せて	47

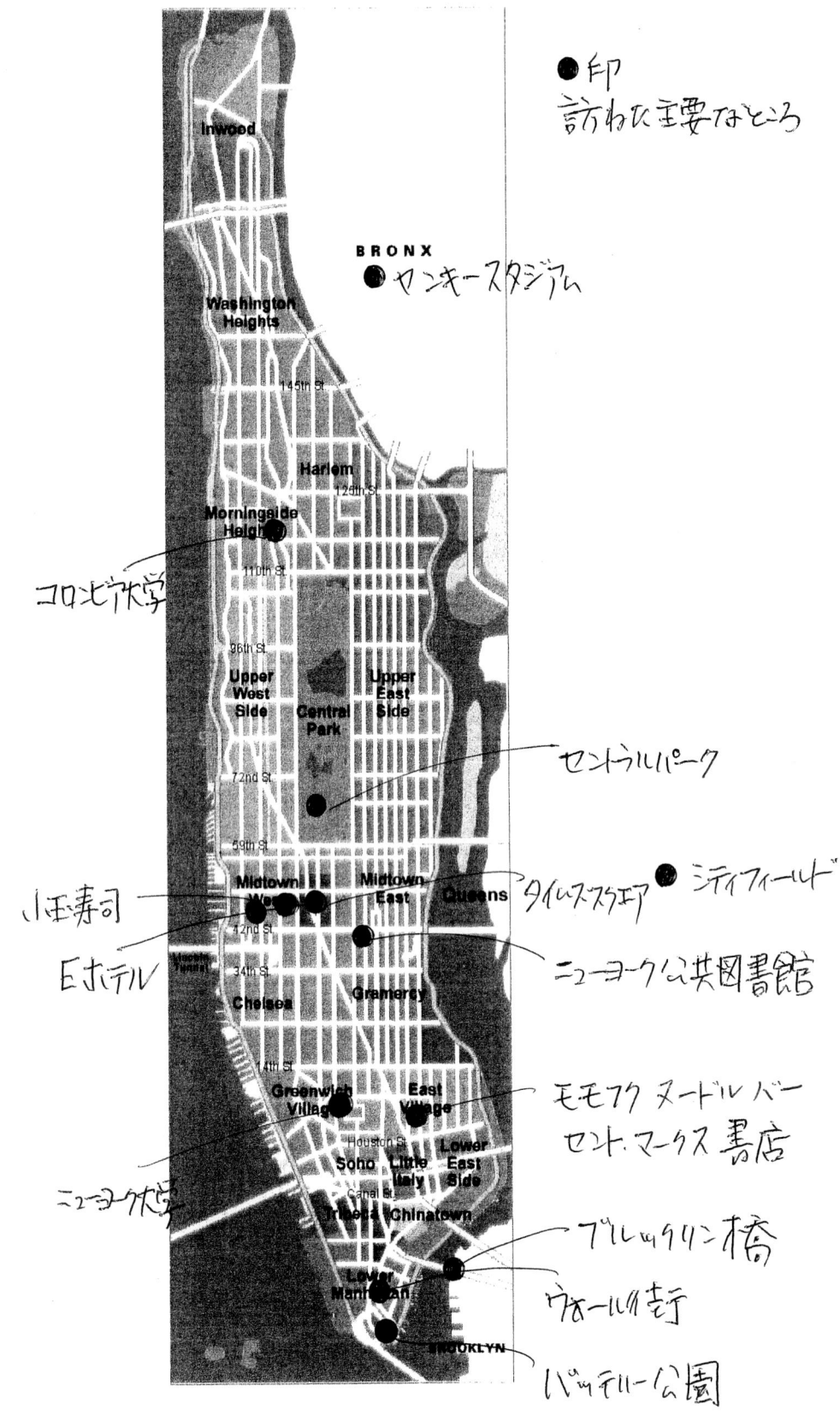

超人のニューヨーク訪問記　2013年初夏

旅のはじめに

　拝啓　日本では梅雨入りの季節ですが、H君はいかがお過ごしですか。
　ニューヨークは日本みたいに梅雨がないので、一気に夏到来といった感じです。しかも5月27日のメモリアルデーからの週は、前週の涼しさとは打って変わって真夏日の30℃以上の暑い日が続いています。ニューヨークに住んだことのある人たちは異口同音にたまにものすごく暑くなる猛暑日があると言っています。それにしても日本を早朝の3時に起きて、7時前のアメリカン航空機に乗り込み、12時間のフライトは時差をも考慮すれば体調の調整がいかに大事かを身にしみて分かるというものです。というのは、実際に家人がこの事実にまんまと引っかかってしまったからです。もちろんフライト中のコンディションが悪い状態のなかでもとにかく睡眠に当てることが大事であることと分かっていても。これは海外旅行を経験した人たち誰もが克服しなければならない問題です。海外旅行のイロハ、最初に出くわす問題です。家人は海外旅行初体験者、ごく当然のように最初の洗礼を受けたのです。これから少し長いですが道中記を書いてみようと思います。

機内食の話など

　機内食はニューヨークに到着するまで3回、1回目は羽田空港を発って1時間位で出ました。羽田空港国際線ターミナルのラウンジで軽く朝食を食べた後でしたので、食べられるか心配していました。家人は何しろ初体験、筆者の心配をよそに和洋他取り混ぜ盛りだくさんの朝食をあっという間にペロリと平らげてしまいました。これには旅になれている筆者もサプライズ。機内食を写真に収めておけば良かったと後悔しております。機内食は多種多様で、どこのエアラインズも有名シェフに依頼して作らせているようで力がこもっていますが、なかなかこれは美味いと唸らせるメニューに出会わないのも不思議なような気がします。機内食ではすっかり有名な言葉「chicken or beef」。さすがに最近ではメニューにバラエティーさが増したようです。その後飛行時間を気にしながら、映画を観たりしてはまた眠るという行動を繰り返すことしきり。座席手前のモニターで飛行経路を確認すると、アラスカ辺りに差し掛かり、2回目の軽い食事が供されました。こぢんまりしたハンバーガーです。飲み物はオレンジジュース、コーヒー、ミルク、お茶などチョイスできます。筆者はコーヒー、家

人はオレンジジュースをチョイスしました。コーヒーはなるほど以前より美味くなっていました。有名な有機農園のものを使用しているとはアメリカン航空の話。オレンジジュースはさすがに本場もの、濃さが違います。エコノミークラスの後方左側二人掛けの座席で窓の外も眺められて快適と思ったのも束の間、前の席の中年のアメリカ人が座席を後ろに倒したからたまりません。特に食事のときは狭苦しく苦痛でした。

　苦痛と忍耐の12時間フライトの残り1時間にさしかかると、3回目の食事。飛行軌跡はカナダとアメリカの国境上空を指していました。現地時間で朝5時半頃、もう食事は出ないのかなと家人が呟いていた矢先に食事が運ばれました。チャーハン、焼き魚の鯖がメイン。焼き魚が機内食に出るのは珍しいかも。寝たのか寝なかったのかモヤモヤの中での食事、快適と興奮の渦の中でと書きたいところでしたが、実際はまたビール（無料！）を飲んで寝たい心境でした。やがて眼下には海岸線が見え始め、飛行機は着陸態勢に入り低空、旋回を繰り返しています。初めて来た四半世紀以上前には眼下にマンハッタン島の摩天楼と碁盤の目の道路が夕陽に映え、オレンジ色に輝いていました。それは遥か1万キロ離れた日本からの旅人を感動させずにはおかなかった光景でした。

JFK国際空港

　JFK国際空港に到着。快晴、気温23℃。飛行機から空港へ降り立つと、入国審査が待っていました。予め分かっていたことですが、入国審査は意外と時間がかかりました。こんなにも長蛇の列に並ばないといけないと考えると些か憂鬱でした。ボストンマラソンでの悲劇があったばかりで当局も入国審査にはより厳しくあたっているようです。少なくとも筆者にはそう映りました。100人以上が整理係りの係官の指示に従って10個所以上ある入国審査のゲートへ。「ほら、次はあなた」、黒人の係官から声をかけられ、混雑していたのか臨時に自国人用のゲートに通されました。入国審査は家人も一緒に受けます。まずはパスポートの提示、照合、手のひら、親指の指紋までとられて身体検査終了。

"What have you come here for ?"

"I've come here to attend my son's university graduation ceremony of City University of New York and so on."

言い終わるとすぐに入国審査は終了しました。家人が今なんと言ったの、と。大学卒業式に出席とね。すると家人がへえーと感心した様子でした。

　baggage claim areaから荷物を引き上げてJFK国際空港から外へ出ました。最初の印象は日本より暑い、でした。筆者はこの季節には来たことがなかったことと、この国際空港に降りたったのも本当に久し振りでしたので、空港内外をキョロキョロしながらまるで"おのぼりさん"のような振る舞いでした。しかし、大分前になりますが、黒い帽子に眼鏡、長顎髭、黒いスーツと一目でわかるいでたちのユダヤ人集団に出くわしたことは特に印象に残っています。今思い出しても異様な光景でした。

　さて、タクシーかシティーバスのどちらの輸送機関で（もちろん鉄道の選択肢もありましたが、スムーズに行けることを優先しました）タイムズスクエアのホテルに向かうか迷いましたが、タクシーを使うことにしました。料金を水増しされないように気をつけてタクシー乗り場へ。タクシー案内係の黒人の女性がイェローキャブを案内してくれました。タクシードライバーに乗車料金はいくらか確認したら、料金表はこうだと言わんばかりにタクシー業界が出しているパンフレットを差し出されました。58ドルプラスアルファ。

ニューヨークに来た先人たちの話

　ここで少し日本国の先人たちのニューヨーク旅行記に耳を傾けてみましょう。おおよそ140年前の明治初期に、西洋諸国を当時の役人や留学生まで含めた混成チームの岩倉使節団が見聞した貴重な記録です。原本は歴史学者の書記官が書いた見聞記ですが、間違いも大いに指摘された本。そのことは中世仏文学特に狐物語の専門家で幕末明治維新史にも造詣が深いF先生がよく筆者に語っていたことでした。

　『米欧回覧実記』の現代語訳　第1巻　アメリカ編（編著者：久米邦武　訳注者　水澤周　企画：米欧亜回覧の会　発行者：坂上　弘　発行所：慶應義塾大学出版会　2005年5月刊）からの引用。

ニューヨーク市の記

　ニューヨークはハドソン河口を挟んで向こう岸、ロングアイランドのブルックリンと相対している。ともにニューヨーク州の商業都市である。ニューヨーク市は合衆国第一の都市であり、ブルックリン市は第三の都市である。ともに海洋への港として繁盛している。中略。
　ニューヨーク市は北緯40度42分3秒、西経74度3秒に位置している。東は川を隔ててブルックリン市に対しており、西はハドソン川を隔ててジャージーシティと向き合っている半島の形をした土地にある。独立の時すでに人口1万5,000の都市であった。この時は全州が一致してイギリスと対抗したが、イギリス人はボストン人を憎んでニューヨークの繁盛に期待を持ち、これを懐柔しようと試みた。しかし、市民はあえてそれに従わなかった。これによってもニューヨークの繁華はすでに久しいことがわかるであろう。いまは人口94万2,292人、対岸のブルックリンとあわせれば134万人に及ぶ。その他対岸諸都市や滞留者を入れると200万都市とも称されている。
　この市の貿易の盛んなことは、イギリスのロンドン以外には比類がない。年間輸出入額は7億ドルを下らず、東は大西洋をわたって欧州と貿易、南はパナマと往来している。内陸に対してはハドソン川から運河によってバッファローと連絡し、五大州の海運が集散している。米国貿易の中心と言えよう。

　ほぼ140年前に訪ねた明治新政府の高官が見たニューヨークは、一大商業都市の活況でした。あとで触れると思いますが、ブルックリン橋完成の話も興味深いものがあります。

さて、ニューヨーク港はもちろん今も健在ですが、現代は飛行機の飛躍的な発達によって、海の時代から空の大量輸送時代に取って代わられています。ニューヨークの表玄関は現在クイーンズの南端のジャマイカ湾に面する JFK 国際空港、ニュージャージーの Newark Liberty 国際空港、同じくクイーンズ東端にある LaGuardia 空港の 3 空港です。いずれも発着の規模、エアラインズ、ディストネーション等によって自ずと機能や役割が違っています。筆者はいずれの空港も過去に利用しました。ニューヨークのどの辺に宿泊するかで空港の選び方も違ってくると思いますが、普通格安旅行では飛行機と宿泊先がパックになっていることが多いようです。自ずと選択肢が限られてしまうのが現状かもしれません。筆者的に言えば、ニュージャージーの Newark 国際空港が便利。空港からバスでマンハッタンのグランドセントラル駅まで 20 分以内で行くことができ、しかもリーズナブルです（鉄道はペン駅まで行きますが、乗り換えもあり多少面倒です）。ちょうど福岡空港から市内の中心に行く感覚です。JFK 国際空港を出てタクシーに乗ったあとの話でした。

追記　2、3 回目でしたでしょうか、JFK 国際空港から出てクィーンズの友人宅へ向かう途中、頭上に轟音が鳴り響いたと思った次の瞬間、鷲のくちばしと翼を大きく鋭くしたコンコルドが飛び立って行きました。あの時ニューヨーク、ロンドン間は確か 1000 ドルとか言っていましたか。筆者は次にはあの飛行機に乗って最終目的地の北欧、スウェーデンのストックホルムへ行きたいと本気で考えました。残念ながら大事故を起こして以来廃機になってしまいました。筆者もそれ以来北欧へ行く夢は未だに実現していませんが、2、3 年後には出来そうな予感。(2013 年 6 月 21 日　記)。

JFK 国際空港からミッドタウンへ
　タクシーは初夏の早朝の風を切ってクゥイーンズの高速道路を北上、途中朝のラッシュ時前でも片方が 4 車線もある合流地点では一時 traffic jam が発生してタクシーも動けない状態が続きました。無事 1 時間内でホテルに着けるか心配でしたが、しばらくして動き出しましたので一安心。タクシー乗車中、筆者はビデオカメラを回し、窓外の早朝の街並みを撮り続けました。隣では家人がタクシーから窓越しにニューヨークの家々を見て、思わずカワイイと叫んでいました。何せ初めてですから見るもの聞くもの皆新鮮です。筆者みたいに 10 回位は来ていても、いつも知人に迎えに来てもらったりしたりしていたこともあって、タクシー道中には無頓着でした。

アメリカの家屋はレンガ造りや木造住宅もあって、必ずしも石造りの家ばかりでないことも見てとれました。木々に囲まれた住宅地は緑色に染まり、朝の空気を一杯吸収しているようでした。やがてタクシーはミッドタウンに向かうべく大きく左折して、目指すタイムズスクエアへ進み始めました。景色が一変し高層ビルの中を通り抜けて行きます。オフィス街と思われる道路をワンブロック毎クリアして行きました。この時間になると出勤途中のビジネスマンが交差点で信号待ちしている姿も見え始めています。はじめは宿泊先のホテルの住所を見せながら話したら分かったと言っていましたドライバー、不安だったのでしょう、有料道路を通過したあたりで再度ホテルの住所が書いてある紙片を筆者は彼に見せました。彼は信号待ちしている間地図で到着地を確認していたようです。そうこうしているうちにあの広告が派手なタイムズスクエア周辺に出ました。

タイムズスクエア近くのホテル
　ホテルは 1930 年代に建てられた古い建物で中堅クラスの由緒あるホテルの E ホテル、立地的には有名なブロードウェイミュージカル劇場が犇めき合っているまさしくロケーション抜群のところです。ホテルの入口の手動式の回転ドアを手で押して入ると、アールデコ調のシックで歴史の重みを感じさせるホテルの入口中央にたどりつきました。左側にフロント、その前には一時荷物預かりのところ、真正面奥の上には大きな絵画、その右側に待合室、それほど広いスペースではありませんでした。家族連れ、年配の方々、特に中南米の方々が多かったようです。日本人の客は筆者たち以外には見当たりませんでした。チェックイン（午後 3 時！）にはまだ早い時間でしたが、フロントで少しふくよかな女性にチェックインについて尋ねると、パスポートとクレジットカードの提示を求められましたが部屋に入っていいと鍵を渡してくれました。ホテルのパンフレットには JFK までのリムジンがあると書いてありましたので、そのコーナーに行って、今度はやや細めの女性に帰りのリムジン運行サービスの時刻を訊いてみました。「夕方 7 時頃の便ですと 15 時 15 分のバスで行けば充分に間に合うはず」と案内係の女性。さらに「無料ですか」と質問すると、そうだと応えてくれました（これが実は no charge ではなかったのです！）。6 基あるいかにも"重厚"なエレベーターの左からから 3 番目に乗って 17 階へ。
　エレベーターを降りてすぐ前に筆者たちが泊まる部屋がありました。80 年以上前に建てられたホテルにしては全体が小奇麗。階のフロアには深紅の絨毯が敷かれ、ほぼ正面に置かれた長い台の上には藍の花が生けられた大きな花瓶、その脇には置き時計、それぞれがしっ

かりと役割を果たしているような。この階だけでも 20 以上の客室はありそうでした。部屋の鍵は差し込んで引くと緑色のランプが点く磁気付のカードでした。日本で出張中によく使ったものでしたが、今ではたまにしか利用しないため部屋を開けるのに二度失敗し多少戸惑いました。家人がこうするのよと手招く光景を見かねたのか、ふくよかな黒人のハウスキーパーが近寄って来て、開け方を教えてくれてやっと部屋に入れました。時差ぼけではあるまいし情けなかったこと！　部屋全体がシックな色調で彩られ、真ん中にキングベッド、脇には使い古された木製の机、タンスの上には開閉式の扉の付いたテレビ、壁側に小さなテーブル、その上の方には多少曲がって飾られた複製画、それに 1 人用のソファー、クローゼット、カーテンを開けると道路側だったため窓外の景色が一目瞭然、ビルやミュージカル劇場が見えました。入口付近に戻り左側のドアを開けると、日本人には大きめの白いバスタブ、やや使い古された感じがしますがきれいに掃除されていました。ホテルに泊まっていつも思うのですが、大きく厚めのバスタオルは使い勝手が悪く往生してしまいます。今回もそうでした！

　さて、キングベッドですが、これが部屋を替えるというハプニングを起こさせる原因になるとはその時には想像することさえできませんでした。

タイムズスクエア周辺
　このホテルの近辺は日本で言えば銀座界隈といったところでしょうか。いろいろなホテルやブロードウェイミュージカル劇場が軒を連ねています。ホテルのすぐ向かい側に Ehel Barymore Theatre、同じ並びの 2、3 軒先は Brooks Atkinson Theatre、46 丁目側すぐには Lunt-Fontanne Theatre や Richard Rodgers Theatre、タイムズスクエア駅すぐ近くには有名な Marquis Theatre、「オペラ座の怪人」の Majestic Theatre、「ライオン・キング」の Minskoff Theatre、「スパイダーマン・ターン・オフ・ザ・ダーク」の Foxwoods Theatre、「マンマ・ミーヤ！」の Winter Garden Theatre、「天使にラブソングを」の Broadway Theatre、「ザ・ブック・オブ・モルモン」の Eugene O'Neill などその数 40 以上。ニューヨーク市にとって一大観光資源のミュージカルは相変わらず賑わいを見せていますが、1991 年暮れに来たときに公演していたミュージカルもまだロングランを続けていました。さすが実力を認められたミュージカルは息が長いです。

　タイムズスクエアではスパイダーマンに扮した人たちが路上パフォーマンスをしていました。人集りを偶然に目撃して少しばかり覗いたのです。ミュージカルの宣伝でしょうか。

それにしてもこんな暑い日にスパイダーマンの衣装を着て振る舞うとは、子どもたちは喜ぶでしょうが、本当はやっていられないはず。長い時間やっていたら倒れてしまいますから。

　ホテルの部屋でニューヨーク滞在のスケジュールを確認した後、筆者たちはまずタイムズスクエアのおみやげ店に入りました。店には I ♡ New York のシャツ、ニューヨークの名所旧跡を扱ったカレンダー、自由の女神の置物、靴や T シャツなどが所狭しと積み上げられていました。目新しいものとしては、マグネット製ニューヨーク名所旧跡も陳列されていました。冷蔵庫の表に貼るには最適かも。このおみやげ店の前の屋台ではホットドッグにチャレンジ、日本のより大きいですが味はごく普通でした。

　それから 42 丁目の某書店を訪ねました。明後日仕事でお世話になるため、お近づきの印として東京で買い込んだお土産を渡すためです。生憎担当者が遅番で不在でしたので、面会した男性の方にお願いして辞去しました。対応してくれた中年男性は確か 4 年前にもお会いした日本語が上手なベテランのアメリカ人の F 氏（今はスタッフ職だそうですが 30 年以上勤めているそうです）でした。この書店が入っているビルは今改装中のようです。昼食は『Sbarro』でピザとパスタでと決めていたので、昔通ったタイムズスクエアの TKTS 前に出向きましたが閉店、同じ系列の別の店を捜すことにし、辺りの人に尋ねて 50 丁目にある店に入りました。筆者たちが入ってまもなく、ここまで来る道中で父兄同伴の小学生社会見学ツアーに出くわしましたが、その小学生たちが集団で店に入って来ました。その数なんと 80 人！　この『Sbarro』の店は日本にも支店があって、当初は六本木にありましたが今は渋谷駅近くにあります（追記　最近店員に訊きまして判明したのですが、名前だけ同じで中身は全く違うそうです）。何と言ってもあのモチモチ感のあるピッツアとトマトソースが絶妙な味わいのパスタでしょうか。バイキング形式でキュウリ、レタス、トマトにアスパラのサラダなどをチョイス、いい感じの昼食でした。12 時近くになって例の小学生たちの集団が入って来たこともあり、黒人のピッツア職人、ホールのアルバイトと思しき黒人やメキシカン、レジ打ちの黒人女性たちが急に動きが活発に。家人がうまい、ウマイとボリュームのあった一皿をいつの間にか平らげていました。

フィフスアベニュー歩き

　昼食後は時差ぼけの余韻が残るなか、フィフスアベニューをぶらり歩き。ビデオカメラ、携帯電話を首にぶら下げて、メイン通りを42丁目のブライアント・パークあたりから59丁目のセントラルパークまでの3、40分でしたが、世界中のブランドが集積する通りは華やかそのもの。この日は平日しかも昼下がりの時間帯、観光客のなかに混じってニューヨーカーたちがバナナやパンをかじりながら通りを急いでいました。ニューヨークは足早の人たちが多いと聞いていましたので、何回か来ているうちに慣れっこになっていたことは確かです。今回改めてそう思いました。大阪梅田駅にある"ムービングウォークウェイ"（動く歩道ですか）を歩く姿もニューヨークと負けず劣らず足早ですが。

　『エイチアンドエム』、『サックス・フィフスアベニュー』、『ロックフェラーセンター』（ロックフェラーセンター前の銅像。この上に立つ人が多いのかこんな注意書きが。"Please do not stand on statue platform"）、『セント・パトリック教会』、『スターン』、『ベルサーチ』、『カルティエ』、『ザラ』、『フェラガモ』などの一流ブランドを左右キョロキョロしながら見て歩いていくと、53丁目付近に今何かと話題のガラス張りで建てられた『ユニクロ』がありました。旗艦店だけあって店内のレイアウトや照明には目を見張るものがあり、一瞬映画のスタジオに入った感じのする異空間でした。素材のこだわりはともかく、やはり価格と色使いの鮮やかさでしょうか。カジュアルシャツなど色のグラデーションが冴えていました。価格は29.88ドル。日本より高めなプライスみたい（ユニクロファンの家人によれば）。奥行きもあってスペースも客を飽きさせない、配慮の行き届いた仕掛けが施されていて見事。眩しいくらいでした。木目を使った柔らかくて人に優しいフロアでしたが、2階から1階への階段では色調が同系色とガラス張りのせいか足下が大分ぐらつきました。階段の間からも商品が見渡せる戦術かも。色の鮮やかこそがアメリカンスタイル？　そんな斬新で明るいイメージのアメリカ・ニューヨークの『ユニクロ』のなかでも、ひときわ目立つ遊び心に溢れたショースペースがありました。確か銀座店には見られない光景でした。帰り際、人が次から次へと入って来ました。ニューヨーカーそして観光客も。

セントラルパークでの楽しい出来事

　さらにミッドタウンのフィフスアベニューを北上。『セント・トーマス教会』、『ギャップ』、『フェンディ』、『ザラ』、『デ・ビアス』、『オメガ』、『プラダ』、『ミキモト』、『ピアジェ』、『ブルガリ』、『ティファニー』、『トランプタワー』、『ルイ・ヴィトン』、『バーグドルフ・グッドマン』、『アップルストア』、『F.A.O.シュワルツ』、『プラザホテル』そしてセントラルパークの西門へ。昼下がりのぶらり歩きはひとまずセントラルパークで一息入れることに。いつも東門から入っていたので、今回は何としても西門から入って少し園内を見て回りたいと思っていました。

　今や世界的に有名なセントラルパークは都市公園の典型でニューヨーカーの憩いの場、南北4km、東西0.8kmの広さで、その考え抜かれた景観の素晴らしさは世界のあちこちから来る観光客を魅了しています。イギリスのハイドパークやフランスのブローニュの森を参考にして1859年に開園、上野公園はこのセントラルパークを参考にしたらしいです。しかしここまで造り上げるには紆余曲折があったはず。筆者などはそちらのほうに興味がありますが、それはアナザーストーリー。思い出すのはこのセントラルパークを舞台に繰り広げられた映画「ホームアローン 2」を上野公園のすぐ近くの映画館で息子と観たことでした。その息子はニューヨークに来てもう5年が経つでしょうか。

　このところの東京、横浜の暑さ、気温35℃は、それこそ7月の記録では1857年以来日本観測史上初らしいですが、このときのニューヨークも異常な暑さ、セントラルパーク西門近くの噴水の下では犬が水浴びしていたほど。この公園では思い出に残る面白い出会いがありました。その話は後ほど。

　筆者たちはセントラルパーク内の小さなショップでアイスコーヒーやリンゴジュースを買い、一休みしました。木々や芝生の緑が映えてゆったりするには最高の場所なのですが、何せ暑く、木洩れ日を避けてベンチに腰掛け、しばし定点観測を始めました。ジョギングする女性や男性、サイクリングする若い男性、自転車タクシーに乗ったカップル、観光客などが次々と通り過ぎて行きました。時刻は午後4時前、まだまだ暑さが和らぐ気配はありませんでした。そんな西日がかかる西門近くに乗り物のサービスをしているステーションがありました。日本では馴染みのない自転車タクシーです。正式名称はわかりません。訊くのを忘れてしまいました。その自転車タクシーステーションの近くに行くと、ドライバーが自らパンフレットを手に持ってコース、時間、料金表を示しながら売り込み中でした。よく見ると確か2時間115ドルが定番らしく、他にはコース、時間によって料金体系が微妙に違っ

ていました。家人と2人で乗るには少し高いと考え、気のよさそうなドライバーを見つけて運賃交渉を始めました。すでに客足も定まった時間帯、ここは思い切って値切ったほうが得策と考えたのです。

「1周2時間、115ドルです」とドライバー。

「高いです！ もっと安くならないの、せめて75ドルくらいに」と筆者。

「え、できないですよ」と言うものの、

「このくらいなら」と85ドルをドライバーが提示してきました。

「もう少し安くしてください」と筆者。

「じゃ、時間短縮の、65ドルではどうです？」

「思い切って50ドルなら今すぐOKですよ」と筆者。この辺が値段の限界とみたのでした。すると意外や意外、OKの返事が出ました。

　このやりとりを見ていた周りの人たちが笑っていました。特にベンチに座っていた関係者らしき（？）白人のアメリカ人は大笑いでした。

　筆者たちを王様と王妃気分にして乗せていた自転車タクシーは、ドライバーのペダルを漕ぐ重労働をよそに、緑生い茂る並木道を皮切りにコースを右に左に通り抜けて行きます。途中銅像が見えると「何の誰べぇの銅像です」とドライバーが解説していました。下り坂はペダルを漕ぐ必要がありませんので、それこそ時速20マイルは出ていたはず。思わず危ないと叫ぶ筆者たちにはお構いなくドライバーは先を急ぎました。

「どこの国のご出身？」

「ガーナです」

「お名前は？」

「カダカル……」

カダフィー？と、あとが聞き取れませんでしたので半ば冗談交じりで筆者がからかいました。違うよ、違うとドライバーがマジに言い張っていました。

「ところで、いつ頃ニューヨークに来たの？」

「8年前」

「今いくつ？」

「41才、結婚していますよ。お客さんはどこから？」

「日本」と言いますと、

「ササカワを知っていますか」とドライバー。

一瞬躊躇いながら「知っています」と筆者。

「彼はえらい人です」とドライバーが続けました。

何だかんだと丁々発止の会話を続けたあとに、

「でも、ジャパニーズ、面白い人」と笑いながらドライバー。

　一時期テレビのコマーシャルでお馴染みの、白い髭をはやしたイカツイ爺さんの笹川財団の代表者を覚えていたのです。アフリカでは有名なのです。

「漕ぐのは大変ね」と必死に漕いでいるドライバーに筆者が言いますと

「代わりに漕いでくださいよ」だって。

「ビジネス、ビジネス」と透かさず交わしました。

　右手奥に映画のロケ地にもなっていますベセスダの噴水をながめ、その先の池のある小高い丘の前で突然止まりました。「この辺で 10 分休憩です」とドライバー。筆者と家人は、銅像のエンジェル、その向こうのボウ・ブリッジ（愛の告白する場所で有名な橋だとか）までは行けず、池のまわりを見て回り、ドライバーにコーラを買って停留していた場所へ向かいました。

「ミスターガーナ！」

その声に他のドライバーたちが振り向きました。

「はーい、これ、コーラの差し入れです」

サンキューと言うと彼は一気に飲み干しました。

　次に自転車タクシーはビートルズのジョン・レノンの記念碑、ストロベリー・フィールズに立ち寄りました。ここでは結婚式があったらしく、白いドレスの花嫁とタキシードの花婿が歩いていました。「ほらほら、あちらを見て」とは家人。セントラルパーク内の結婚式場から出てきたところかも。ストロベリー・フィールズには花束が置かれ、ツアーのアメリカ人の女性ガイドが愛情たっぷりに説明していました。サウスダゴダを一瞥して自転車タクシーに戻りました。ともかくむし暑く、汗が背中に染みついて歩いていた結婚式関係者の男性もいました。帰り道はセントラルパークの夏の風物詩といえば、ニューヨーカーが寝そべったり、軽い運動をしたり、食事を取ったりとピクニック気分で楽しんでいる、小高い丘（シープ・メドウ）に広がる人気スポットの芝生を自転車目線で垣間見ながら、今度の日曜日には家族でここに来ようかと話していました。

　筆者は乗り始めに 5 ドル、降りるときに家人の助言を聞き入れて、ねぎらい分 5 ドルをさらにドライバーにおまけとして差し上げました。予期せぬ臨時収入にドライバーは嬉しそ

うにニコリ。

　そうして約 1 時間自転車タクシーで行くセントラルパーク観光コースの旅は丁々発止しながら無事終わりました。さて、短縮して安い料金で楽しめたご一行様でしたが、本当はドライバー氏の勝利だったかも。それはともかく楽しい一時でした。

ブライアント・パークでランチ
　いよいよニューヨーク行き目的のメインイベント。朝遅くホテルを出て、某書店の 2 階でおにぎりとお茶を買い込み、近くのブライアント・パーク（ワシントン・アーヴィング――大学時代にリーディングの時間に読まされましたね――に師事したロマン派詩人でジャーナリストのブライアントに因んで名前がつけられたという）でニューヨーク在住の息子それに筆者と家人の家族 3 人で昼食を取りました。以前は冬場が多かったせいかこの公園内で休んだことはありませんでした（今気づいたことですが、1988 年から 1991 年は新たな公園造りでしばらく休んでいたらしいです。ネットで調べてみて判明しました。道理で記憶があまりなかったようです。冬場に行ったからだけではなかったのです）。ブライアント・パークはいつの間にかニューヨーカーの寛ぎの場所になっていたんですね。皆さん、テーブルを獲得するのにも忙しいほど混み合っていました。それこそ中華系、タイ系、韓国系、和食系とバラエティーに富んだランチボックスを食べていました。中にはデザートの代わりでしょうか、リンゴを丸かじりしていたサラリーマンの男性も見かけました。もちろんハンバーガーを食べていた人もたくさんいました。漏れ聞こえる会話では、近くの初老の男性 2 人はビジネスランチのようでした。中央には大きな噴水があって暑さを和らげていました。筆者も噴水のある池まで行き、水の温度を確かめたほど。思った通り生ぬるかったですが濁りが少なく比較的きれいでした。アイスコーヒーを買いに公園内の店（確か入口に売っていた店がありました）に行っても、サプライズでしたが、アルコールしか売っていない店、バーですか、もありました。もう一つの店はサンドイッチが中心の店でしたが、並んでいたので買うのを諦めました。カードやテーブルテニスを楽しんでいる人たちもいて、バラバラ、良い意味で自由気ままです。

シティ・フィールド球場でのＮ大学学位授与式

　地下鉄42丁目ブライアント・パーク駅からクウィーンズのフラッシング近くのメッツの本拠地「Citi Field」に向かいました。

　ニューヨークのＮ大学の学位授与式は、大リーグメッツの本拠地シティ・フィールド球場で行われました。この球場は地下鉄42丁目ブライアント・パーク 42St Bryant Pk 駅から7ラインでフラッシングの手前、メッツ・ウィレット・ポイント Mets Willets-Point 駅で下車してすぐにあります。クイーンズ・プラザを過ぎ、地下鉄が地上に出て大分走ったあたり――その昔友人が住んでいたアパートメントの最寄りの駅が確かこの辺かなと思い巡らしていた住宅地をさらに行くこと20分――右側前方にメッツのかつての本拠地シェイ・スタジアム跡地の駐車場（このシェイ・スタジアムは2009年に取り壊されました）が見えました。かつて15年前の夏にこの球場で大リーグ観戦をするはずでした。ところが、旅行3日前に筆者が過労で倒れ、一緒に行くはずだった仲間2人が代わりにこの球場で観戦してくれました。筆者にとっては苦々しい思い出の球場です。あとで聞いた話ですが、試合終了後ホテルに帰るのに苦労したとか。筆者が車内でそんな思いを巡らせていると、今日の主役の息子が慌てて手許の資料で Citi Field のある駅を確かめていました。次の駅でした。

　今朝のＡＢＣテレビはアメリカの半分が熱波で覆われて、首都ワシントン近くの町では給水制限がしかれ、ニューヨークも猛暑、熱中症には充分注意するようにと伝えていました。気温100°Ｆ＝38℃、それに蒸し暑さも加わって体感温度は40℃以上とか。地球の温暖化はもはや恒常化しつつあるのかも。しかしこの5月30日も勝るとも劣らない暑さでした。

　メッツ・ウィレット・ポイント駅の階段を降りるとすぐに今日の学位授与式のあるシティ・フィールド球場の門に出ました。直結していました。すでにアメリカの卒業式ではお馴染みの黒い角帽を被りアカデミックガウンを着た学生たちと親御さんがあちこちで記念写真を撮っていました。チャイニーズ、コリアン、中南米系、イラン系、アラブ系、もちろんアメリカンと世界中の人たちが集まっていました。まさしく人種の坩堝そのもの。その中に日本人の女子学生Ｓ子さんもこの日のために東京から駆けつけた父親といました。待ち合わせ場所で揉めていたとは息子の話。茶色のシティ・フィールド球場と緑生い茂る木々それに青空に浮かんだ薄雲、その配置の見事なこと、まるでキリコの絵の世界にいるようでした。暑さだけが余計でした。やがて入場チケット（筆者は無料と思い込んでいましたが、学部卒は52.5ドル、院卒は55.45ドルを支払うのです！　Ｎ大学の式次第にはそう書かれていました）を見せ、エスカレーターで2階へ。ところがここでハプニングが、Ｎ大学の記念の

フラッグをもらい損ねてしまいました。ビデオカメラやデジカメなどを持っていて、そちらに気が向いてしまったのが原因です。このフラッグを手に入れるため一騒動。後にこのことがきっかけで卒業記念の晩餐会は中止に。

　筆者たちはシティ・フィールド球場の階段を4階まで登り、指定座席の番号を探しながら内野席上段中央方向へ向かいました。バックネット裏やや左側上段の2人掛けの座席でした。午後2時近く、日差しはきつく、ここでの学位授与式見学はしんどい以外に適切な言葉が見当たりませんでした。それでも様々な国の家族の人たちが一目自分たちの子どもの成長振りを見ようと参集したせいか、熱気と歓喜で包まれていたような気がしました。日本の野球場とそれほど変わらない会場には、ピッチャーのマウンド後方に学位授与式の来賓席が設けられ、センター左側の出入り口から卒業生たちが入場行進し、出入り口近くとライト側に設置された2台のカメラで捉えた映像がセンター上方にある大きなスクリーンに映し出されるようです。1人ひとりの顔と喜びの表情が次々と映し出されていきます。この学位授与式には卒業生5,000人、父兄25,000人が参加し、N大学にとっては一大イベントです。

　家人がハンカチを頭にあてて、式典開始を今か今かと待ちわびながら椅子に腰掛けていました。あまりにも暑かったので水分補給をと思い、場内の売店に出向くも、臨時で開けたせいか長蛇の列でとてもすぐに買える状態ではありませんでした。そのうちS子さんのパパが筆者たちの分までミネラルウォーターを買ってきてくれました。その水のうまかったこと！　そうこうしているうちに場内アナウンスがあり、学位授与式典が始まりました。最初は院・学部の卒業生たち——角帽を被りアカデミックガウンを纏った卒業生の行進からでした。球場センター左側の出入り口から出て、センターからライト方向へグランドを行進、その後内野席に座りました。日本の卒業式のように荘厳で格式ばったところがなく、みんな楽しんで卒業して行くといった雰囲気でした。

　今手許に残っています簡単な式次第を読みますと、各院卒の卒業生、学部卒の卒業生の行進、アメリカ国歌斉唱、学長の祝辞、来賓や関係者の祝辞などと書いてあります。午後2時半から始まった学位授与式は炎天下延々と2時間以上も続きました。日本でもよく見かける光景ですが、こうも暑い中続くと祝辞を述べていた関係者には申し訳ありませんが、早く終了して下さいと言いたいほどでした。面白かったことがあります。式が始まり、学長、学部長、教授や関係者が古式に則り、正装した格好でダッグアウトから現れてほぼマウンドの中央後方の来賓席まで歩いていた時のこと、どういうわけかそのうちの1人の女性の先生が突然転んでしまいました。ずっこけたのです。これはハプニングでした。しかし歴史に

残る珍事としてこの場面は末永く語られるかも。アメリカの良いところは、学長がこのハプニングを自分の挨拶の中で透かさずフォローして笑い飛ばしたことです。

　卒業生の行進も長かったのですが、それでも卒業生1人ひとりの晴れ姿がセンター上方のスクリーンに映し出されたことでわが子もこの大学の卒業生になったという感慨を抱いた親御さんがたくさんいたのではないでしょうか。自分たちの関係者が映し出されるとわっと歓喜の声が一層高く場内に響き渡りました。あちらでもこちらでも。なかなか出てこない息子の晴れ姿、それこそ炎天下の照り返しが強い内野席上段の席で、頭にハンカチをあててそのシーンを待ち望んでいた家人に、そのうちに筆者のビデオカメラがその一瞬を捉えたと伝えますと、あれ、見過ごしたわ！と残念がりましたが、もう1回右側に映し出されるので見逃さないようにと筆者が家人に伝えました。その10分後S子さんと映し出された息子の晴れ姿は何とか彼女の目に焼き付いたようです。それにしても映し出されてくる様々な国の若者たち――中には院生たちもいましたので年令のバラツキは見られました――には驚かされました。これがアメリカ、ニューヨークです。こういう中でともに学びディベートすることにより揉まれ、世界的な視野をもつ芽が育つことは確かかも。また、世界中に友達ができることも彼らのその後の人生にプラスになるかも。日本の大学も少子化の波が押し寄せて大学も学生獲得に躍起になっておりますが、世界へ出て行く留学生や日本へ来る留学生を増やす方策をもっともっと積極的に行うべきです。

　酷暑のなか学長はじめ来賓の方々の祝辞が延々と続きました。それはN大学の教員が教育の実績を誇り、これから社会に出る卒業生に贈る言葉を込めたものでした。筆者たちは一段落して卒業生が各々家族の許へ立ち寄り始めた頃、暑さと長い祝辞にオサラバして一足先に帰ることにしました。この時間になると急にシティ・フィールド球場の上空が騒がしくなりました。この近くにある空港から飛び立つ飛行機が次々と目的地に向かって行く姿でした。短時間で目撃した飛行機は10機位、空のラッシュ時間でしたでしょうか。

　帰り際例のN大学のフラッグをもらい損ねたのを思い出して関係者に掛け合いました。まずは1階事務室に出向き、理由を告げるとあちらへ行けという。そこへ行くと今度はこちらだとたらい回し風。このまま引き下がる訳にはいかず、事務局の関係者にどうなっているのかと詰め寄りましたが、ここで待って下さいと言い張るだけでした。皆さん帰りがけでスタッフは忙しく対応に追われていました。筆者の見た限りでは、警備員やアルバイトで占められていて事情をよく知る人がいなかったようです。大分待たされても一向に埒があく様子がありませんでした。仕方なくフラッグ獲得を諦めざるを得ませんでした。外に待たせて

いる家人と息子のことが気になりましたので残念ながら引き下がりました。捨て台詞を残して。余りにも対応がいい加減でしたので。外へ出て家族を探し当てた途端、家人が「何やっているのよ、遅いよ」と訳も分からず言ったのです。それを聞いて筆者が怒りました！　猛暑の中、頭にも湯気が立ち込めました。その後どう展開したかって、その話は読者諸氏の想像にお任せしましょう。

シアター・ディストリクト

　It's a boy. 今朝のABCテレビが伝えた、イギリスのロイヤルファミリーに新しいベイビー誕生のニュース。王位継承に関する法律がこの4月、300年振りに改正後、初めてのベイビー誕生です。残念ながら男の子でしたので、今回から適用とはいかなかったようです。このロイヤルファミリーのベイビー誕生で経済効果は610億円とか。

　さて、ニューヨーク訪問記の続きです。

　筆者は45丁目にある有名なジャズバー『Birdland』を尋ねましたが、人気のある女性ボーカリストが出演ということで本日のチケットは全て sold out と店の男性に告げられてガックリ。その人気女性ボーカリストはグラミー賞候補のシンガーStacey Kentでしょうか。sold out と女性ボーカルしか目に留まらず、店のプログラムに書いてあった彼女のスペルを忘れてしまいました。『Birdland』刊行の小冊子を読むと、6月半ばにも出演することが書かれていたので、恐らくこの5月30日は彼女が唄っていたかも知れません。実は自称ミーハーの筆者ですが、3月下旬に演歌歌手の八代亜紀──あのしみじみと情熱的に唄う「舟唄」で一世を風靡した彼女もそもそもはジャズシンガーでした──が、ニューヨークの有名なジャズバーで歌わせ夢を実現させてあげたい、という番組がありました。その場所が『Birdland』でした。番組のハイライトはやはり八代亜紀のハスキーで低音、加えて彼女特有の節回しが魅了したのでしょうか、唄い終わったあとの聴衆の拍手喝采の凄さでした。そこで筆者もその場所で雰囲気を味わいたいと出向いたのでした。

　『Birdland』はそういうことで入れませんでした。8番街44丁目付近を歩いていたら、入口で静かな声で呼び込みをしている細身のワーキングウェアを着た女性のレストランが目に留まりました。どんなレストランかも知らないまま入ることにしました。左側にはカウンター、右側にテーブル席がありましたが、ずっと奥の方まで行きテーブル席に座りました。筆者の席より奥の壁側のテーブル席には地元のファミリーが食事を楽しんでいました。ヨーロッパ中世を彷彿させるインテリア、壁にはフェルメールの「牛乳を注ぐ女」の複製画が掛

けられていました。

　まだ夕方、客足も疎らな時間帯でしたが、独りで切り盛りしているホール担当の男性がメニューを持ってきました。生ビールを下さいと筆者。シティ・フィールド球場に行って余りにも暑かったせいなのでしょう、ビールの美味かったこと、至上の喜びでした。この店では生ビールの種類も豊富でスタンダードのものから黒系、フルーティー系、多少ビターなものまでいろんなビールのバリエーションを楽しむことができました。ホール担当の男性に「ここは何の店」と出し抜けに訊くと、「Mediterranean です」との返事。これで咄嗟に浮かんだのがあのバケツ一杯に出てくるムール貝でした。ホール担当の男性にそれを注文しました。彼は奥さんを追ってフランスからニューヨークに来て 4 年になると言っていました。

　バケツ一杯に入ったムール貝は確か 17.5 ドル。ムール貝を持ってきてくれたのはチャイニーズ系の若い男性でした。ビールを飲みながらムール貝に舌鼓、格別でした。メニューを見るとエビなどの魚貝類、パスタ、サラダ類が豊富ですが、なんと言ってもワインが一番揃っていました。ビール 3 杯 (21 ドル)、ワイン 1 杯 (11 ドル) とムール貝 (18 ドル) で 63.44 ドル。8.875%の売上税を含めまして。住所は 709 Eighth avenue , New York。

日本料理店『KODAMA SUSHI』

　ビールとムール貝で最初の店を切り上げていよいよ次の店へ。すぐ近くにあったジャパニーズ・レストランに入りました。8番街側から入り、鰻の寝床みたいな狭いところを通ってカウンターのあるメインのフロアに着きました。店全体が見渡せるカウンターの右端に座ることに。

　筆者が思っていたより広いスペースで、しかも寿司だけではなく焼き鳥、天ぷらなどいろんな日本食が食べられます。この店はぶらりと立ち寄りました。

　このジャパニーズ・レストラン『KODAMA SUSHI』は、開店30年以上の老舗の日本料理店で、何でもオーナーは麻雀で開店資金を捻出したほどの伝説的な人物です。そう言えば、この店の名刺もオーナーの似顔絵入りでした。筆者は普段寿司屋にはほとんど行きません。その昔――20年以上前でしょうか――勤めていた会社の近くのこぢんまりした寿司屋で、昼か夜かは忘れましたが、チラシ寿司を酢抜きでお願いしたところ、えらく叱られた記憶があります。当然といえば当然ですが……。

　筆者は酢が苦手なので梅干しもまだ満足に食べられないでいます。酢を使うとしたら餃子のタレに少々入れるぐらいでしょうか。

　午後8時過ぎにカウンターの右端に座りとりあえずビールを頼みました。前の店でも飲んだのですが、やはり日本製のビールが美味。ツマミはオーソドックスの刺身、マグロ、タコ、イカなどをチョイスして食べました。生物は近海のニューヨーク湾でも新鮮な魚がとれますからとは、少し前に神田祭りを観に里帰りした"板長"のMさんの話（神田多町出身で気さくな方）。「ついでにカツオはありますか」と筆者が尋ねると、「今日は残念ながらありません」との返事が返ってきました。「それでは代わりに中トロをお願いします」と追加注文をしました。刺身が好物の筆者にとっては、この中トロは美味、感動ものでした。もちろんビールも進み、最後には"板長"のMさんとその仲間たちにまでピッチャービールを奢ってしまいました。カウンターには男性、女性の客、筆者の真後ろのテーブルには地元の家族の方々が上手に箸を使いながら日本食を楽しく召し上がっていました。7、8人はいたでしょうか。エビやカニなどそれに定食類がテーブルに。また、向かい側にはバーカウンターも。

　このジャパニーズ・レストランはシアター・ディストリクト地区にあり、ブロードウェイの俳優、女優、脚本家、演出家、舞台美術家などの劇場関係者が多く訪れているみたいです。

　話は大分脱線しますが、舞台美術家といえば、当代随一の妹尾河童氏が先週の土曜日の朝

の番組に出演していました。初期の民放番組「ミュージックフェア」や「夜のヒットスタジオ」などの舞台美術を手がけていたときに、歌手の藤原義江に見出されたそうです。この河童さんの家の書斎などを舞台装置風に斜め上から描く細密画は天下一品、かつて週刊誌に連載されていたときには毎週買い求めていました。必要があって最近ネットで彼の絶版本を手に入れたばかりです。話はジャパニーズ・レストランでした。

　そういうわけでこの店にはアーティストの提案でメニューに取り入れたものもあるそうです。ポツリポツリと座っている人の中にはブロードウェイ関係者がいるかも知れません。想像するだけでも何となくウキウキします。

「大トロとお新香をください！」
「かしこまりました」

　ニューヨークに来てまで日本食とは誰もが不思議に思ったはずです。
　筆者はその昔ニューヨークに来ると必ず『寿司田』(6th avenue)に寄りました。最後に訪ねてからでももう15、6年は経ちます。ここは結構高いですから、筆者などは確か幕の内弁当、茶碗蒸し、握り少々、お新香などくらいは食べましたか、それも遠い昔です。試しにネットで調べましたら、4月の改装後に訪ねた女性のコメントが載っていました。相変わらず評判が良いようです。また、その当時は42th streetに日本食居酒屋『ICHIBAN』もありました。この店には筆者の友人も働いていました。何年続けたのでしょうか、結局閉めてしまいましたが、日本のバブル時代だったのでしょう、それこそ様々な日本食レストランがかなりありました。そう言えば、おいしいと評判のカナルストリート沿いの寿司屋にも行きました。その当時でも1人3,000円以上しましたが、残念ながらボリューム感がありませんでした。名前は忘れました。細長く青っぽいような店の様子はまだ瞼に浮かびます。
　『KODAMA SUSHI』は"一応"庶民的な日本食全般をカバーする寿司屋のようです。

　　いらっしゃい、
　　ケンですと45丁目の居酒屋、こだますし、　212.582.8065

　メニューの表紙には、"拍子"抜けしてしまうほど「鯛」らしきもの（イラストでは特定化している魚とは見えませんが）を運んでいるオーナーの表情が何ともユーモラスです。こ

れは気取って食べて頂くお店ではありません、ごく普通に気がねなく食べて頂きたい、しかし、おもてなしの心を持って、というメッセージが込められているのかも知れません。ところが、翌日2回目に訪れた時に店の女性の接客マナーに少し違和感を覚えました。

　ここが商売の難しいところでしょうか。昼と夜、客の違いはありますが……。それともこれがニューヨークスタイル？

　『KODAMA SUSHI』のメニューを店から頂きましたので参考までに書き記します。日本食のメニューをどう英文表記しているか興味のあるところです。

　それでは Japanese restaurant『KODAMA SUSHI』のメニュー紹介です。

　メニューはB4変形（縦35.4cm×横21.7cm）の薄い黄色の紙。和紙に似た感じで軽くて手触り感も良いです。色はエンジと墨の2色、英文字はゴシック系、二つ折りです。差し詰めシアターのプログラム風。どこかエキゾチックな雰囲気漂う手書きの素朴な絵と温かみのある、これまた素朴な日本語が書かれています。ええ、どこにでもありそうでありません、というメッセージが表紙から伺えます。少しばかり洒落ています。品数は寿司の前菜から始まって、ランチメニューで終わる9パートに分かれ、値段が表示されているものだけで144品、寿司を中心に揚げ物、焼き物、煮物、丼など豊富で四季折々和のバリエーションが楽しめるよう工夫されています。ニューヨークならではのマンハッタン巻、ブルックリン巻もあります。筆者は食べていませんが、ここのチラシ寿司はデリシャスだそうです。

『KODAMA SUSHI』のメニュー

Appetizers From Sushi Bar

Yellow tail Carpaccio　　Yellow tail Sashimi and Radish, Jalapeno with Spicy Ponzu …… 9.75

Salmon Tataki　　Seared Salmon with Wasabi Sour Cream, Yuzu Dressing and Micro Green…8.00

Smoked Tuna Tataki　　Smoked Tuna with Garlic Soy Sauce and Ginger mayo…….. 8.75

Sashimi Tuna, Yellow tail Salmon(3pcs each) 10.75

Tuna Tar Tar　　Chopped Tuna and Sliced Avocado w/Spicy Mayo............................ 9.00

Appetizers From Kitchen

Edamame   Boiled Green Soy Beans.. 4.00

Oshitashi   Boiled & Cold Spinach w/ Special Soy Sauce............................. 5.00

Hijiki   Cooked Black Seaweed.. 5.00

Age Tofu   Fried Tofu with Tempura Sauce.. 6.00

Steamed Broccoli   Hot Broccoli Oshitashi w/ a Small Amount of Butter.................. 5.00

Fried Asparagus   fried asparagus with Green Tea Salt............................. 5.00

Nasu Miso   Sauteed Egg plant with Sweet Red Miso Sauce..................... 6.00

Yakitori (3pcs)   Broiled Chicken & Scallion on Skewer w/ Teriyaki Sauce................6.00

Ebi Shumai   Steamed Shrimp Dumpling.. 5.00

Pork Gyoza   Tasty Pan Fried Berkshier Pork Dumpling.......................... 6.00

Fried Oyster   Fresh Fried and Breaded Oyster....................................... 8.00

Kodama Chicken   Fried Chicken Marinated w/ Special Sauce and Garlic Flavor... 7.00

Tempura   Lightly Deep Fried Shrimp and Vegetables............................... 7.00

Hamachi Kama   Grilled Yellow tail collar Teriyaki or Sea Salt............... 8.00

Tako Yaki   Fried Octopus Ball (Wheat flour-based butter) Worcestershire Sauce and Mayo..6.00

Spicy Miso Salmon   Grilled salmon with Spicy Miso Sauce..................... 8.00

Soft Shell Crab   Fried Soft Shel Crab with Ponzu Dip 8.75

Karubi   Grilled Short Rib with Yuzu Garlic Dip 12.00

Special Salad

Tofu & Avocado Salad   Tofu, Avocado and Tomato with Sweet Wasabi Sauce............ 8.00

Grilled Chicken Salad or Salmon   Sliced Avocado and Baby Green with Ginger Dressing..8.75/9.75

Salmon Salad   Sliced Fresh Salmon Sashimi and Baby Green w/ Spicy Garlic Dressing.. 11.00

Snow Crab & Avocado Salad   Avocado and Baby Green w/ Ginger Dressing............14.75

Salad & Soup Miso Soup…..2.00   Small Green Salad…..3.50   Potato Salad…..4.50

White Rice…..1.50   Large House Salad…..6.00   Seaweed Salad…..5.00

Extra Avocado for Salad…..3.00

Sushi & Sashimi

■SUSHI

Super Deluxe Sushi   10pcs of Sushi Spicy Tuna Roll …………………………………..24.00

Deluxe Sushi   8pcs of Sushi Tuna Roll ……………………………………………..18.75

Regular Sushi   7pcs of Sushi & Cucumber Roll……………………………………..15.75

Super Trio   3pcs of Tuna, 3pcs of Yellow tail, 3pcs of Salmon Spicy Tuna Roll……..21.00

■SASHIMI

Super Deluxe Sashimi   Assorted Raw Fish…………………………………………. 25.00

Deluxe Sashimi   Assorted Raw Fish…………………………………………….. 19.75

Sashisu Combination of Sushi(4pcs), California Roll & Sashimi…………………….. 23.00

Chirashi   Assorted Raw Fish on Sushi Rice Bowl……………………………….. 19.75

（筆者注：Oshitshi は Ohitashi の訛り。ここでは原文のままにして表記してあります）

　ところで、今日の民放テレビの夕方のニュースでニューヨークでは今味噌が人気だと報道されていました。豆腐を入れた味噌汁を作るニューヨーカー、みそアイスクリーム、究極はみそ入りドーナツまでイケてるそうです。

　マンハッタンのミッドタウンにある日本のスーパーマーケット『SUNRISE』にはそれこそ様々な味噌（白味噌、赤味噌、麹味噌他）が売られていました。日本の調味料、醤油は大分入り込んでいるようですが、今度は味噌がニューヨーカーに受け始めているようです。味噌にこだわり続けています筆者としては嬉しい限りです。『KODAMA SUSHI』でもメニューに味噌田楽を加えても受けるかも……。

　『KODAMA SUSHI』に 2 日間通って 149.45 ドル、寿司から日本食全般を扱うアットホームな店でした。

セントラルパーク余話

　昨夜NHK BS1の番組「エルムンド」がニューヨーク特集として2時間スペシャル番組を放送していました。

　セントラルパークの中心部に特設された場所から、バイオリニストの五嶋龍氏をゲストに司会のアンディ氏、それにニューヨークのリポーターのはなさんなどが出演、セントラルパークの魅力を現在そして過去まで遡りいろいろな角度から探っていました。それによると、その昔はギャングなどの巣窟で危険な地帯でした。そして半世紀前の1960年代の一時期、ニューヨーク市の財政難などもあり公園は見放され荒廃し切っていました。そんな中公園の再建を図ろうと立ち上がったのは、ある一人の造園家でした。雑誌『「New York』誌上での一造園家の提案がきっかけでニューヨークカーが彼の提案に賛同し参画したのです。写真家兼歴史家のゲスト女史が番組関係者の質問に答えて語っていました。ニューヨーク市民の手で行き届いた小綺麗な公園が出来上がったというわけです。現在この公園はボランティアの人々や寄付金で支えられていて、アルコール類の飲み物は禁止されています。筆者が訪ねたのは今年の5月最後の週から6月の最初の週、いわゆる初夏の季節でしたが、猛暑で暑さ凌ぎには最高の、まさに都会のオアシスでした。夏は恒例のニューヨークフィルハーモニックのクラシック演奏、メトロポリタンオペラなどが無料で聴けるようで、この番組もその模様をオンエアしていました。この番組で面白かったのは最先端のニュースでした。それはセントラルパーク以外のニューヨークの公園を紹介していて、食肉を運ぶ貨物線が廃止された跡地に野草類などの花を植えることで再生に成功して新たな観光地として人気の"ハイラインパーク"（筆者もここへ行きたかったのですが時間がなくて実現しませんでした）に続いて、若い建築家による地下鉄の操車場跡地に公園を造る計画です。すでに"ローラインパーク"と"ハイラインパーク"と対をなす名称もできています。これは地下に最新のテクノロジーを駆使して造るそうです。日本の大手町のビルの中にトマトや野菜が作られているテクノロジーの方法と似ているのかも知れません。

　この番組で一番のサプライズは、ゲストの五嶋龍氏の成長でしょう。色白ですが体格は申し分ありません！　五嶋龍と言えば、民放の日曜日に放送していました、ニューヨーク、それこそセントラルパーク近くのアパートメントでの音楽修行を追った番組が忘れられません。確か20歳を境に番組は終了しましたが、筆者などはずっと観ていました。その彼がゲストでした。そして彼が言っていたのは、セントラルパークが僕の庭、"My park"ですと。そう、セントラルパークはニューヨーカー一人ひとりの"My park"なのです。また、心の

オアシスでもあるのです。大人のエンターテイメント番組「エルムンド」は真夏のニューヨーク、セントラルパークをリズミカルに描いていました。筆者たちの訪問をさらに掘り下げてもくれました。

『ニューヨーク近代美術館　MoMA』

　リニューアル後初めて日本人建築家の設計による『ニューヨーク近代美術館』での絵画鑑賞。家族と一緒の鑑賞でしたが、家人がまたもや体調不良と言って、入ってすぐに息子と退散してしまいました。筆者1人での鑑賞、フラッシュを使用しなければ撮影はOKでした。リニューアル前に来ました時より出入りが自由なのは良かったのですが、入口と出口の境がなくて戸惑いました。それにしても名画揃いでいくら時間があっても足りないくらいでした。残念ながら、家人の様態が心配でじっくり鑑賞している心境でもありませんでした。人は充分に入っていました。入場料は25ドル。

1階→ロビー　ストア　レストラン　アート・ラボ　スカルプチャーガーデン
2階→コンテンポラリーギャラリー【現代美術展示室】1960年～現在　版画・挿画本　メディア　マロンアトリウム　特別展　カフェ　ストア
3階→建築・デザイン　ドローイング　写真　特別展
4階→絵画・彫刻II 1940年代～1980年　ジャスパー・ジョーンズ　ロイ・リキテンスタイン　ジャクソン・ポロック　ロバート・ラウシェンバーク　マーク・ロスコ　アンディ・ウォーホル　他
5階→絵画・彫刻I 1880年代～1940年代　ポール・セザンヌ　フリーダ・カーロ　アンリ・マチス　ピエト・モンドリアン　クロード・モネ　パブロ・ピカソ　フィンセント・ファン・ゴッホ　他　カフェ
6階→ストア
（筆者注：写真を撮りましたがその画像は構成上ここでは省きました）

現代美術作品中心の『NEW MUSEUM』

　ロウアー・イースト地区に箱が幾重にも重ねて建っているような美術館、それが2007年にリニューアルオープンした『NEW MUSEUM』。設計は日本人建築家ユニットのSANAA（妹島和世＋西沢立衛）が手がけ、外観がとてもユニークですが、そればかりではありません。若手アーティストの発表空間だけあって、展示されている作品もど肝を抜かれる斬新さ

です。筆者あたりの感性では捉えにくい作品が並んでいました。閉館間近に入館したので少し駆け足で鑑賞しましたが、そのせいだけではないでしょう、頭が痛くなりかけました。それこそ、私はだあーれ、ここはどこ、みたいな不思議な感覚に襲われました。常設展なしの現代美術作品が中心です。1階がギフトショップとオーガニックのカフェ、2階〜4階までが作品展示室になっていました。2階でしたか、何もないスペースがありました。筆者が入ると警備員が只今次の展示の準備中と言ってきましたのには笑えました。この時間帯でしたから人は疎らでした。入場料は14ドルでした。

May - June 2013

NEA 4 IN RESIDENCE

During the culture wars of the early '90s, the work of four solo performers, funded in party by the US government, came under attack for the frank treatment of themes of gender, sexuality, subjugation, and personal trauma. In 1990, works by Karen Finley, John Fleck, Holly Hughes, and Tim Miller(aka the NEA 4) were defunded by the National Endowment for the arts to include considerations of "general standards of decency and respect for the diverse beliefs of the American public." Subsequently, the NEA ceased of funding for individual artists altogether. These four residencies reconsider the impact of these events while engaging with each artist on the terms of their current practices. (『NEW MUSEUM』のパンフレットの一部)

　帰り際に見つけた交差点脇の壁に描かれた街中のポパイの絵のほうがとても解り易かったです！

ニューヨークのラーメン最前線

　息子とラーメンを食べにニューヨークのラーメンブームの仕掛け人、『MOMOFUKU NOODLE BAR』へ出かけました。その店はニューヨーク大学のあるユニオンスクエアから徒歩12、3分、イーストビレッジ1番街にありました。ニューヨークには以前からサッポロラーメンやその他の日本のラーメン店、韓国やベトナム人がつくるラーメン店などがありましたが、いずれも異国情緒的で実質的には異質な物ばかりでした。しかし、その後アメリカ人の健康志向が盛んになったことも手伝って、寿司や刺身、天ぷらから豆腐、納豆そしてコンニャクといった日本食がアメリカでブームになり、そば、うどん他の日本食（弁当、焼き鳥、お茶など）もまた、そのあとの本格的なラーメンの到来を促したようです。今までと違ったラーメンが人気に。ヌーボー・ラーメンの登場です。アメリカ人がつくり、アメリカ人が食べるラーメン店。日本人がハンバーガーをつくり、日本人が食べるハンバーガー店のようなものと考えれば納得がいくはずです。ラーメンも今や国際化して地球に住む皆が食べられるようになりました。日本の食文化の輸出と言えば大袈裟でしょうか。ヌーボー・ラーメンがニューヨーカーに受け入れられたのはここ7、8年、新しいニューヨークスタイルの食文化として定着するのかも知れません。その先駆けとなった店がここ。シェフ兼店主は韓国系アメリカ人だそうで日本でラーメン修行を積んだ人のようです。また、経営者はアメリカ人やオーストラリア人とも聞きますが、真相は分かりません。これはこのイーストビレッジのラーメン店で現に働いている人の話ですが。

　ラーメン店には似つかないほど店のエントランスは透明感に溢れていてモダン、ガラス張りと言ってしまえばそれまでですが、うまく機能しているようです。他の店にはない斬新さがあります。東京の青山や渋谷あたりにあるオシャレなブティックのウインドウみたい。また、機能性とシンメトリーの空間処理の見事さは入ってすぐに見て取れました。ドーンと木製の細長いカウンターを手前に、奥に木製のカウンターを50センチ位右側客寄りにズラして平行に配し、ほぼ真ん中で仕切りして食の分担作業のスムーズ化に成功。作る人、オーダーを取り配膳する人の分業が成り立つように出来ています。右側にはテーブルの大と小、メニューは左側手前、入口の黒板3つに右側にもチョークでぎっしりと書かれていました。薄茶、黒、白の組み合わせもまた、いい感じ。店主のアイデア、コンセプトとデザイナーのコンビネーションの勝利でしょうか、何しろコンテンポラリーでクールなのです。東と西の融合した、いわば、無国籍な様式美。日本人でない人が創造した現代のジャパニーズフード・カルチャーが色彩、形式よろしく行き渡っています。

さて、ここの看板メニューのモモフクラーメン（16ドル！）を食べました。昔ながらのあっさり醤油系、しかも透明感があって、多少欲張っている感じのする一杯。スープは日本の食材がなかなか手に入らないようですので、代わりにベーコンを煮込んで作ったものですが、中細麺に絡んで美味。濃い醤油の色合いを期待していましたが削ぎ落とされている感じでした。イタリアン、アイバンラーメン風。アイバンラーメンの店主は（もともとニューヨークでシェフをやっていた人で世田谷にラーメン店2店舗を展開中）去年ここでコラボし、手応えを感じて目下ニューヨークに支店を出すべく物色中とか。

　話は多少逸れました。アメリカ人に合わせた感じのするラージサイズの白色のどんぶりに、半分程度に盛られたラーメンですが、色合い、配置とサプライズの3拍子揃ったモモフクラーメン、ノリ、メンマ、ネギ、ナルト、温泉タマゴそれにサプライズの白菜のつけものまでトッピングした、"ローリングラーメン"といった感じです。特に白菜のつけものがスープや麺とコラボしたときなどは食感がこれまたいい。塩辛さの加減もまあまあ。こんな取り合わせもあるのだと感心しました。崩しに崩したチャーシューは柔らかですがこれは崩さないほうがチャーシュー本来の味がもっと楽しめるはずです。ノリの入れるタイミングがずれたのでしょうか、パリパリ感がなく少し湿っていました。これは湯気でやられたような気がします。温泉タマゴを真ん中から割って食べれば良かったと後悔するもあとの祭り、ただ単に割ってスープや麺などの二度楽しみを味わっただけ。タマゴを割る前と後の――。筆者的にはやはりゆで卵のシンプルなのがいい。ネギやメンマは多少工夫が必要かも知れません。全体的には研ぎ澄まされたラーメン、進化したラーメンの部類に入るでしょう。人によっては物足りなさを感じるかも知れませんが、これはこれで完結しているようです。

　『一風堂』、『MISOYA』、『せたが屋』、『寺川ラーメン』、『MENKUI-TEI』、『くぼや』、『みんか』などが凌ぎを削るラーメン激戦区のイーストビレッジにあっては隣の芝生は青く見えますが、肝心なのは切磋琢磨してラーメンの質をあげることでしょう。

　ところで、客層は？　これが若い男女の溜まり場的存在みたいで、店はそういう人たちでムンムンしていました。若い人たちにラーメンが受ければ将来性はあるかも知れません。カウンター端には年配の夫婦もいましたが。厨房もまた、活気で溢れていました。この人数を捌くには並大抵ではないはず。アメリカン、メキシカン、コリアンなど顔ぶれは様々、麺捌きにテンヤワンヤ。一方客は入口近くで立ったままおしゃべり三昧。土曜ならでの楽しみ方の風景なのかも知れません。急いで付け加えると、息子に勧められて食べたチャーシューをはさんで食べるサイドメニューも充実していました。ただ価格は決して安くありません。

ニューヨークの老舗書店

　出版不況の中、日本の書店も廃業・閉店が叫ばれて久しいですが、今度は神戸の元町で長らく書店業を営んでいた海文堂が廃業と2013年10月23日付の毎日新聞が伝えていました。以前には小規模の書店が消えて行きましたが、今や中規模の書店も廃業・閉店に追い込まれていて、何と2000年に21,000店以上あった書店が2013年5月時点では14,000店に激減しているようです。理由は大型書店チェーン店の進出ばかりではなく、アマゾンなどに代表されるインターネット書店の大躍進で苦境に立たされてきたというのが実情です。注文から到着までのスピードが速く、普通の書店では到底叶わないシステムに打ち負かされたとのことです。読者もこのシステムに慣らされてしまって、もはや書店注文には時間がかかることが書店買いを減らしている理由だそうです。その対処方法は一部の大型書店みたいに図書館化する書店の展開だとも言い張る関係者も。

　さて、ニューヨークの書店事情ですが、ミッドタウンにある某書店のI女史は、自分が勤めている店も日本書を大幅に減らし価格を少し落として洋書を増やし始めましたと。こちらは日本人対応の店から脱却を図る品揃えを展開中でした。弁当、カフェ、ブティックにコミックと品揃えが替わり始め、かつての書店のイメージからだんだん遠のくかのような印象すら受けました。そしてI女史が「フィフスアベニューにあるアメリカの書店チェーン店も存続の危機に晒されています」と。また、「ニューヨーク大学近くにある老舗の書店が正に今閉店の憂い目に遭っています」とも。私の好きな本屋さんですのでぜひ訪ねてみてくださいと頼まれました。筆者は透かさず名前を訊いて手持ちの紙片にメモを取りました。

　『St. Mark's Bookshop』はラーメン店がひしめくあたりの通りを少し行ったイーストビレッジにありました。店構えは老舗らしく品のある看板、店の色調や雰囲気も悪くありません。カウンターにいた男性に許可をもらい、ユニークな棚や店の奥行が分かる場所を2、3枚撮らせてもらいました。ハルキムラカミの本もありました。文学や芸術のジャンルが充実していました。今はっきりとは覚えていないのですが、小雑誌の類の棚があったようにも……。あとで分かったことですが、この棚こそこの店が好まれるユニークな試みだそうです。"ジン"と呼ばれている自費出版の冊子や本が置かれていて、売れたら補充してくれるありがたい書店らしく、しかも定価の6掛けで仕入れてくれるそうです。売れて100部程度。

　この店はオーナーから立ち退きを迫られていましたが、贔屓にしている地域住民の強い支援のおかげでオーナーが折れ、目下3ヶ月間だけ家賃なしで営業中だそうです。売り上げが伸び悩んでいる書店の事情は古今東西同じなのかも知れません。

コロンビア大学図書館訪問とハプニング

　こんなことは初めてでした。行きたいというので家人、そして大学を卒業したばかりの息子とタクシーを飛ばして一路、ブロードウェイ 116 丁目、モーニング・サイド・ハイツのコロンビア大学を目指しました。タイムズスクエアからハドソン川沿いの高速道路をタクシードライバーがスピードを出して走ってくれました。途中左手には川沿いに停泊しているヨットが見えましたが、待ち合わせ時間が気になって、見る余裕がありませんでした。タクシードライバーの賢明なハンドルさばきで 20 分後に到着。2、3 分遅れでコロンビア大学正門近くのブックストアの前に辿りつくことができました。すでに某書店の I 女史は来ていました。まもなくコロンビア大学のフェローでシートンホール大学教授の Y 先生もみえました。お互いの挨拶はほどほどにして Y 先生の案内で(実は 2009 年の 9 月にもお世話になりました) 早速正門から入り、左手にロウプラザ、右手にギリシャ風の威厳のあるバトラー図書館を見ながら通り抜け、筆者らが訪問する C.V. Starr Library East Asian Library に着きました。Y 先生の案内で図書館に入ると外国語関係担当のオランダ人の女性司書が待っていてくれました。なかなか理知的ですてきな女性！　初対面なので女性司書と挨拶を交わし彼女から多少館内の説明を受けていたら、ここでハプニングが。家人が体調悪いと椅子に腰掛けて動けなくなってしまいました。

　コロンビア大学は 1754 年キングズ・カレッジとして創立、ウォール街のトレニティ教会の敷地内にあって、教授 1 人と 8 人の学生で出発したそうです。その教授こそ英辞書学の権威サミュエル・ジョンソンでした。その後コロンビア大学と名称変更。ウォール街→ロックフェラーセンター→モーニング・サイド・ハイツとロケーションを替えて現在の広大なキャンパスとなったようです。約 5 万人が学び、その半分はアジア系の学生で占められているそうです。コロンビア大学は「real estate の顔もあり、今もハーレムの土地を買い占めている」と話していましたのは I 女史。

　因みに、Y 先生も話していましたが、コロンビア大学の年間の授業料は高額で何と約 500 万円、ネットで調べたら正確には 59,950 ドル、日本円で約 478 万円。Y 先生のシートンホール大学はカトリック系の大学で数千人の学生を擁し、年間の授業料は約 350 万円で中の下くらいの規模とのこと。全米の大学の授業料の高額順は、サラ・ローレンス大学（ニューヨーク）が約 478 万円、シカゴ大学が約 476 万円、コロンビア大学が約 500 万円、ワシントン大学が約 469 万円、ニューヨーク大学が約 468 万円、ノースウエスタン大学が約 467 万円、フォーダム大学が約 467 万円、ダートマス大学が約 466 万円。大都市ニューヨーク

の大学は授業料が高額です。列挙した大学に 3 校も入っています。経済的に恵まれない学生の場合、授業料などの支払いに奨学金制度を利用するわけですが、現在アメリカでは奨学金返済が滞っていて社会問題化しているようです。日本の私立大学は文系で 80 万円～100 万円、この他に入学金 30 万円～50 万円、国立大学は 79 万円だそうです。日本でも奨学金返済の問題は深刻です。解決策は大学の授業料を下げることやいろいろな特典を設けることです。教育の機会均等が失われて金持ち層だけが享受する高等教育は歪んだ教育を助長しかねないと思いますが。最近では MIT やハーバード大学ではネットで無料の授業が受けられます。東大も始めようとしています。

　図書館の入口付近の椅子に腰掛けて休んだ家人ですが、朝食を取らずに来たこと（これには訳があって、Y 先生たちとムール貝でのランチを考えていたのです）、前日の炎天下球場での卒業式、時差ぼけ、初めての海外旅行等々が重なり、身体の不調を訴えたのではないかと推測されます。家人が休んでいる間、筆者たちはオランダ人の女性司書の方の案内で図書館内部を見ることができました。全米一を誇る日本関係の蔵書、定期刊行物や雑誌の種類の豊富さは見事ですが、その中で女性司書の方が特別に案内してくれた部屋がありました。民俗学の視点や民間信仰研究の観点からと想像される多種多様な狐の置物のコレクションや大小様々な硯などを見たあとに、彼女が「今別の部屋で整理中なので見せられないのが、残念ですが日本の著名な映画監督牧野守の牧野コレクションがあります」と説明してくれました。ちらりと覗かせてくれましたが。

　牧野コレクションの蒐集範囲は幅広くまた、『キネマ旬報』に代表される映画のオーソドックスな雑誌のバックナンバーから今でいうリトルマガジンの雑誌、多種多様なチラシの類まで映画に関する資料蒐集は天下一品。映画草創期から大正、昭和初期のモダニズム、戦時期の思想と映画芸術などこの極めてアメリカ的な文化の日本的な受容の体系化は、モノとの葛藤の所産であることは間違いないでしょう。純粋映画芸術の熱き闘いの軌跡と捉えても良いかも知れません。素朴な写実とユーモア、それもドラマツルギーかも。

　特別コレクション（もちろんこの他に安部公房など日本関係のコレクションがあります）を見せて頂いたあと、整然と並んでいる書庫から 1 階に出てオランダ人の女性司書の方にお礼を申し上げて別れました。次に向かったのは階上にある日本関係の研究室です。残念ながらドナルド・キーン・センターは夏休みに突入していたせいか閉鎖中でした。日本語教育研究室には立ち寄りました。そして、1 階のリーディングルーム（閲覧室）に戻りました。

Y 先生が説明してくれたコーナーには、日本関係の新聞、定期刊行物や学術雑誌などが置かれ、実際に手に取ることができます。こんな雑誌まで置いてあると感心しましたが、どの雑誌だったかタイトル名を忘れてしまいました。今さら遅いのですがメモを取っておくべきでした。長らくこの図書館の司書を務め、日本の研究者にも絶大なる信頼のあった甲斐先生——残念ながら 2 年前に亡くなりました——が退職後も研究に励んでいた日本関係の参考資料コーナーも拝見。Y 先生もそんな甲斐先生をよく見かけたと懐かしげに言っていました。植民地資料他人名、地名事典など手元に置いておきたい書籍がびっしり並んでいました。なかなか風格のある"大きな書斎"といった感じでした。このあと具合の悪い家人を息子付き添いでホテルに帰しました。楽しみにしていた大学訪問でしたが。

　次に、筆者も初めて訪問する law school は C.V. Starr 東アジア図書館からは階段を登ってすぐのところの建物でしたが、休みに入ったせいでしょうか、補修工事が行われていました。2 階が law school の図書館でした。面談したかった司書の方は休暇に入っていました。すると Y 先生が「著名な日本政治研究者のいる国際関係専攻の研究室がある建物に行きましょう」と。ここも残念ながら日本関係の研究者は休暇中、その日本研究者の研究室は左奥にありましたが不在でした。「恐らく研究者たちは今頃日本あたりに滞在しているかも知れませんね」と Y 先生。この 9 階にある研究室は 4 年前の 9 月にも訪ねています。

追記　コロンビア大学は 25 の図書館を持ち約 1100 万冊の蔵書を誇る一流の私立大学です。そして多数のノーベル賞受賞者を輩出しています。今朝のテレビニュースでやはりコロンビア大学の研究者が物忘れなどを起こす物質（タンパク質）を動物実験で突き詰めたと報じていました。（2013 年 8 月 29 日　記）

ニューヨーク公共図書館とニューヨーク大学訪問

　昼食はY先生、I女史、それに筆者の3人でコロンビア大学学生街のイタリアンで取りました。この店のムール貝を食べるのが家人の今回のニューヨーク旅行の最大の楽しみでしたが、残念ながら、今回は体調が悪く昼食会は不参加。ともかくバケツ一杯（決して大袈裟ではありません！）のムール貝は食べきれなかったので、同伴のI女史が特別に会社の冷蔵庫に一時保管してくれることになりました。何せ33℃以上あった日でしたから。

　地下鉄の42丁目を降りてニューヨーク公共図書館に向かいました。この図書館は有名ですから今更言及しても野暮というものでしょうが、このコラムは訪問記ですから多少の言及をお許し頂いて先に進みます。

　筆者はニューヨークに来る度、この図書館に来ました。中に入ったこともありましたが、大抵はライオン像を見てまた、正面の垂れ幕に書かれているイベントを見て通り過ぎました。今やこの図書館に来ると落ち着きますから不思議です。

　正式名称は The New York Public Library （略して NYPL）、日本語訳は「ニューヨーク公共図書館」（あるいは「ニューヨーク公立図書館」）ですが、公立と言っても公に開かれた図書館の意味で、日本の公共図書館とは違い列記とした私立図書館です。ですから一般の人たちはもちろん、観光客も無料で入れます。4年前に行ったときには外側が工事中でしたが、今回も威厳のある2頭のライオン像が出迎えてくれました。ものの本によれば、1930年代の恐慌時代にこの2頭のライオン像にそれぞれ「patience 忍耐」と「fortitude 不屈の精神」という名前が付けられ、当時のニューヨーカーを励ましたそうです。

　司書の方と1時半に待ち合わせていましたが、10分ほど遅れて到着。小柄で細身、清楚な女性司書の方が入口付近で待っていました。遅れましたことをお詫びし簡単な挨拶を交わしましたあと、スタッフたちが通う通路を抜けてエレベーターに乗り司書室へ。単行本、デザインがユニークな絵手拭い、メモ用紙、書きやすいボールペンそれに英文版ラーメン博物館のパンフレットなど日本からのお土産を手渡しました（ニューヨークでもラーメンブームと聞いていましたので）。有名な公共図書館でしばしラーメン談義。ニューヨークのイーストビレッジにあるラーメン店『一風堂』には食べに行ったそうです。でも2時間も並ばないと食べられないのはクレージーとも。

　「実は日本関係の担当司書は生憎休暇中です。日本美術関係の本があれば教えてほしい」と司書女史。彼女は別の部門の司書で代わりに応対してくれたのです。司書室はミッドタウンを見下ろせる良いところでした。彼女が帰り際かの有名な大閲覧室に案内してくれました。

歴史の重みと重厚さを感じさせてくれる大閲覧室に入りますと、天井が高くしかも絵が施されていて、ヨーロッパ中世へとタイムトラベルしたような錯覚に捕らわれました。この壁際を覆う見事なまでの書物、大伽藍の中の書物と言ったところでしょうか。読書机には趣のある電気スタンドが据えられていました。こういうところで読書、調査、研究ができることは大変素晴らしいことです。最適な読書環境、羨ましい限りです。しかも無料で出入りが自由です。利用者もニューヨーカーばかりではなく、世界中から来る観光客にも開放されています。スケジュール的にじっくりと余裕をもって見ている時間がありませんでした。ゆっくりしたかったのですが残念です。また、この日はカメラを持ち合わせておりませんでした。
（追記　そう言えば、先週の日曜日にここの閲覧室を舞台にした映画をたまたま観たばかりです）。
　ここで最近のニューヨーク公共図書館について少し触れておきましょう。
　今ニューヨーク公共図書館では改修計画が進められていて 2018 年に完了する予定です。改修計画は 2008 年から始められていて、筆者が 4 年前に行ったときにはやはりもうすでに始まっていました。開館しながらの改修工事だそうです。3 階にある大閲覧室の下層階にある書庫の資料をブライアント公園地下倉庫に移送することで、その空いたスペースに貸出図書館を造る計画です。改修費用は 3 億ドルで、投資アドバイザーグループの会長が 1 億ドルを寄付しました。しかしこの改修計画に反対している建築家や作家もいます。
　この図書館はしばしば映画のロケに使われていますが、そればかりではありません、過去にはこの図書館を利用して有名になった人がいます。コピー機発明のチェスター・カールソン、ポラロイドカメラの発明者、『リーダーズ・ダイジェスト』の創業者、歴史家アーサー・シュレジンガー、作家サムセット・モーム、ノーベル賞作家トニー・モリソン、ノーマン・メイラーなどがそうです。いわゆる「孵化器」としての図書館の役割です。
　ニューヨーク公共図書館はマンハッタン、ブロンクス、スタテン島管轄のニューヨーク公共図書館、ブルックリン図書館とクイーンズ図書館に分かれ、その傘下に研究図書館 4 館（黒人文化研究図書館、舞台芸術図書館、科学産業ビジネス図書館、人文科学図書館）、地域分館 85 館（スタテン島区各分館、ブロンクス区各分館、マンハッタン区各分館、専門館ミッド・マンハッタン図書館、専門館ドネル図書館、専門館点字・録音本図書館）があります。予算は 2 億 8000 万ドル、3700 人のスタッフ、来館者は 1500 万人（2002 年）、インターネット経由利用者 1000 万人以上。現在では少し古くなった統計資料かも知れませんが参考になります。このニューヨーク図書館は NPO によって運営されている私立図書館です。

これは驚きです。日本では考えられませんから。

【参考文献】

http://current.ndl.go.jp/e1462 カレントアウェアネス・ポータル　ニューヨーク公共図書館の改修計画をめぐって
菅谷明子著『未来をつくる図書館—ニューヨークからの報告』（岩波新書）

ニューヨーク大学訪問

　さて、ニューヨーク訪問記も終盤に。

　ニューヨーク公共図書館から次の訪問大学のニューヨーク大学へは地下鉄を利用、42丁目からマンハッタン島を南下、ソーホー、ビレッジ地区のワシントン・スクエアで地下鉄を降りました。午後3時15分前、ニューヨーク大学図書館の司書女史に会う約束時間には多少余裕がありましたので、同伴者のＩ女史が安くて美味しいコーヒー店を紹介してくれました。アイスコーヒーをテイクアウトして近くの公園のベンチに座り喉を潤しました。何せ猛暑日、一息ついたところで公園の隣にあるニューヨーク大学図書館の入口へ。5分前、訪問時間がよろしいようで。まず目に入った光景は図書館の内部が見えるように演出されたスケルトン風の吹き抜けの空間でした。目を見張る光景です。守衛の人に司書女史を呼び出してもらいました。しばらくするとややふくよかでメガネをかけた笑みたっぷりの司書女史がやってきました。驚いたことに、彼女の口からいきなり流暢な日本語が飛び出してきました。「今日は、はじめまして」。2階にある司書室に通されてまずは挨拶、世間話にしばし花が咲きました。日本から持参した単行本などのお土産を手渡したら気に入ってもらったようで一安心でした。福島原発の話に及んでは、こちらでも原発について問題になっていて新聞で報道されたばかりと司書女史。「原発のある場所からそう遠くないところから通勤しているので事故が起こることがとても心配です」と。この5月末〜6月上旬には卒業式があって、そのあとは長い夏期休暇に入り、彼女も日本の奈良の大学で2週間ほど博物館研修を受けるため来週から日本に行くそうです。堅い話ばかりではと横浜のラーメン博物館の英文版を見せましたら、「私行きました」と彼女から想定外の返事が帰ってきました。1年間日本に留学していたときに食べに行ったようです。しかし博物館のイメージとはほど遠かったと少しがっかりした様子でした。実益を兼ねたキッチュな博物館ですから、若者受けはしても違和感があるのは歪めませんが。もちろんこの地区にある日本のラーメン店『一風堂』にも話

が及びました。

　同伴のⅠ女史はこのニューヨーク大学の卒業生で本当は国際間の文化交流の仕事をしたかったのですが、ちょうどリーマンショックの時期で就職がなかったと自分の不運さを嘆いていました。ニューヨーク大学図書館には1時間弱いました。日本文化に造詣が深い司書女史で、今ある日本人について論文を執筆中でした。刺激的で素敵な女性司書でした。

　ニューヨーク大学は1831年、当時の実業家たちによって古典に縛られない新しく自由な大学を目指して創建されました。伝統的なカリキュラムから近代的かつ実際的な教育を組み合わせたカリキュラムで、言語学、哲学、歴史、政治、経済、数学、自然科学も学べるような、現代的な大学のはしりの大学です。銀行家、弁護士、医師、建築家やエンジニアを輩出。現在、他に見られない「スポーツビジネス」、「不動産」、「出版」など専門分野の経営修士課程が有名だそうで、世界ランキングでも50位以内をキープしています。特に評価が高い、トップレベルのロースクール、名門のビジネススクール(ファイナンス部門は世界トップ)、非営利団体運営や地方自治運営を学ぶ学部、教育・看護・芸術などに特化した学部などユニークで多彩です。学部生・院生併せて43,000人以上、教職員6,700人以上、運営資金24億3,000万ドル。ノーベル賞受賞者20人、ピューリッツァー賞13人、アカデミー賞、トニー賞やテレビ番組制作のエミー賞などの受賞者も輩出しています。また、前にもこのコラムで書きましたが授業料は全米2位の高さです。アブダビ校や2013年には上海校も開校される予定。

　ところで、あるブロガーの大学見学記のコラムには2013年9月26日にニューヨーク大学プロフェッショナル学部アメリカン・ランゲージ・インスティチュート東京校、通称ALIが、品川インターシティに開校すると書いてありました。(http://www.scps.nyu.alitokyo.jp)。学費は12週間で平日昼月〜金が432,000円、夜337,000円、週1コマ75,000円、週2コマだと180,000円、これ以外に入学金が31,500円だそうでかなり高額です。ビジネス英語プログラムは、週1コマまたは2コマ10週間で、1コマ90,000円、2コマでは216,000円です。プロフェッショナル育成の実践機関となるか、ニューヨーク大学の試みに注目したいです。

【参考資料】「ウィキペデア」、「親が知らない進学のヤバい話」
http//tyamauch.exblog.jp/19947367

デリカッセン、『Danny's』の話など

　ニューヨーク滞在中、朝食はほとんど E ホテル一軒隣のデリカッセンでテイクアウトして取りました。大概はクロワッサンにベーコンと卵を挟んだもの、サラダにアイスコーヒーでした。好みのスープものがあればスープも。締めて 2 人分 16 ドルくらいだったでしょうか。朝の時間帯ではメキシカンのコックがいてパンに挟むものを調理してくれました。常連なのでしょう、サラリーマンの人も買いに来ていました。このデリカッセンは日本の缶ビール（サッポロビール系）も置いてありましたので、ビール党には重宝でした。アメリカのビールはライト系なので今一つ物足りなさを感じていましたから。もちろん、バラエティーに富んだサラダバーも筆者たちのような観光客には魅力的、特にトマトやオレンジがとても新鮮でした。店（それが今これを書いている時点ではその名前が思い出せないでいます！ 判り次第書き足します）は、12、3 坪位の広さで、入ってすぐにバナナの山積み、左側には飲料関係、菓子類、奥には食料品、奥の棚にはアルコール類、真ん中に洋風中華風の調理した食材とポタージュ、オニオンスープや中華スープの 3 種類のスープが入ったボール、その右側には各種のパンとサイドメニューのコーナー、その手前のコーナーに麺類、そしてジュース、ミルク、コーヒー、ティーなどのセルフサービスコーナーがあります。レジは入口右側、大抵はチャイニーズの女性が対応していました。ホテルでももちろん朝食は取れますが、このほうが安上がりです。日本に来る観光客も泊まるホテルの近くのコンビニを利用しますが、それと似たようなものです。
　10 時過ぎにホテルを出て、自由の女神の見えるバッテリー公園に向かいました。

追記　E ホテル一つ隣のデリカッセンは確かチャイニーズの経営で店名は『Danny's』でした（中国語の漢字表記は見落としました）。タイムズスクエア周辺にはたくさんのデリカッセンがあります。その中でサンドイッチのデリカッセン『Au Bon Pain』は旅行者に大人気みたいです。筆者は残念ながら立ち寄りませんでした。デリ利用は日本のコンビニと同じく、近くにあるから便利で利用するのですから、泊まるホテルの場所に依ります。
　今回のニューヨーク訪問では初めてビデオカメラをぶら下げました。ビデオカメラでは良い思い出を持っていない筆者――それこそ出始めのビデオカメラを購入したあと 1、2 回使って壊れてしまい、それみたことかと家族にソウスカンでした、18 年前になります――には気が重い感じでしたが、幸いに今度は進化していて性能も良いようです。重さも歩行中手に持っていても違和感がありません。全体がシンプルに統一されていて高度なテクニックも

必要ありませんし、デザインもスマートです。一番の気がかりは手ブレですが、これはカメラレンズの位置を改善したことで手ブレ解消に成功しています。また、次の問題は撮影時間、ビデオカメラの持ち時間があります。これも比較的長く持つバッテリーを装着しておけば、あるいは予備用に持参しておけば大丈夫なようです。というわけで、携帯カメラ、デジタルカメラそしてビデオカメラの最新神器3点持参で忙しいやら、疲れるやら、旅行者ののんびりした気分を味わうことが出来ませんでした。専ら撮影隊でした。通行人を撮るのをなるべく避けるため撮るのにも苦労しながら、あるいは撮影中に手が疲れて投げ出したくなったりしながら撮り続けました。しかもビデオカメラ操作は新米ですからその苦労は想像がつきます。悪戯っぽい家人はビデオカメラの前に出たがり困ってしまいましたが……。しかし、そういうことを何とかこなしながらビデオカメラで撮影した"New York City now"は、貴重な撮影体験で（危険も伴いかねませんでしたが）、また、貴重な映像表現の賜物になりました。このビデオは長く残すつもりです。4ヶ月近く経った現在、再度見直しましたが、これまた写真では味わえないディテールの面白さが見て取れます。"旅行ドキュメンタリー"として本格的に編集するつもりでいますので、いつしか読者諸氏にもお見せできる日が来るかも知れません。

バッテリー公園

　地下鉄駅サウスフェリー駅を出ると、すぐ前にスタテン島行きのフェリー乗り場があります。その昔、25年前でしょうか、筆者はリバティ島の自由の女神像（正式名称は世界を照らす自由、Liberty Enlightening the World だそうです）を見に行く乗り場を間違えてしまい、このスタテン島行きのフェリーに乗船してしまいました。確かこの年の末年始旅行にはS氏も一緒でした。ついでに言えば、1980年代後半から1990年代前半は比較的長い休みの取れる冬季休暇を利用して、毎年のようにニューヨークに来ていました。それこそ忘年会後、飛行機の中で睡眠を取れば良いと2、3時間の仮眠で出かけたものでした。今考えるとかなり無理なスケジュールでしたが若かったから出来たのでしょう。

　そうそう、なぜ乗り場を間違えたかって？　自由の女神像のあるリバティ島に行く乗り場はこちらの勝手な想像で、比較的大きいと思っていたこと、地下鉄駅を降りてすぐだったこと、それに同じフェリーで渡るなどが重なって勘違いする条件が揃ってしまいました。実際のエリス島行きの乗り場は護岸につけてすぐ出るくらいのシンプルな乗り場でした。スタテン島行きのフェリーに乗って乗船者の寒そうな表情を見て、行く方向が違うと咄嗟に判断し

て下船しました。危機一髪でした。乗船したままフェリーが出てしまったらと考えますと、今思い出してもぞっとします。とても寒い日でしたから。

　この季節太陽はギラギラとは行かないものの、やや怪しい雲の動きが川向こう遠くに見え隠れしていましたが、初夏の匂いが潮風にのって漂っていました。バッテリー公園の木々は青々そのもの、季節の活き活きした息吹です。

　バッテリー公園からはグランドゼロが新しく生まれ変ろうとしている様子が見えました。素材や建築デザインが斬新な建築中のビル群（1 ワールド・トレード・センター、200 グリニッジ・ストリート、175 グリニッジ・ストリート、150 グリニッジ・ストリート、130 リバティ・ストリート）、日差しが強いだけ乱反射も鋭く、まるで幾何学模様のオンパレードのよう。かつての凄まじい光景があった場所とは見違えるような新建築物で、きっと出来た暁には新たな人間の記憶を刻むモニュメントの役割も担うはずです。

　新規開店風のビアガーデンの脇を通り抜けて自由の女神像が見えるシーサイドに。やはりリバティ島までフェリーに乗って出かけたい気分でしたが、家族の反対があって叶いませんでした。そのせいか自由の女神像が気持ち遠のいていささか小さく見えました。ベンチに座って潮の香りを全身に浴び、また、時折かおる風にアメリカの風を体感しました。

　かつては冬に訪れることが多かったバッテリー公園、その枯れ木の上に残雪が乗った光景が瞼に浮かびます。初夏は、また、バッテリー公園のもう一つ、明るく萌える顔、言わば、表の顔を覗かせてくれます。

　ここには過去の戦いで亡くなった人たちの戦没者のモニュメント、エイズで亡くなった人たちのモニュメントや過酷な出来事に耐え生き抜いた移民の群像の彫刻などがあり、それらの一つ一つが筆者の目に強烈に焼き付きました。青々と繁った木々が歴史の重みを感得しながら静かに見守っているようでした。もちろん南北戦争時代の英雄の銅像も。バッテリー公園のバッテリーとはそもそも砲台という意味だそうで、筆者たちが訪ねた 1 週間前にはここで戦没者の日のイベントがありました。

ウォール街そしてブルックリン橋

　銀行の不良債権問題を扱ったTBSの日曜劇場「半沢直樹」が、先週の日曜日に最終回を迎えました。常務の不正を暴き出しましたが本人も頭取から出向を命じられ、そこでドラマは終了しました。恐らく35％以上の高視聴率を叩き出すはずです。現在ビデオリサーチの発表待ちです（追記　42％でした！）。また、アイフォーンの最新機種がつい先頃発売になりました。今朝のネットニュースでこの最新機種が3日間で900万個売れたと伝えていました。どちらも驚異的な数字です。

　さて、筆者のニューヨーク旅行も終盤、旅行中天候には恵まれましたが、ともかく珍しく猛暑に襲われた日々を過ごしました。明日はニューヨークを発つ日、その前に家人も元気を取り戻し、家族でバッテリー公園をぶらり歩きました。その続きです。ウォール街からブルックリン橋へ。

　日曜日のウォール街は静かでした。ウォール街と言えば、すぐに思い浮かぶのは、株が暴落した時に証券取引所で紙切れが舞うシーン、それに狭い路地に威厳のある建造物が立ち並ぶシーンです。また、為替動向と景気状態を毎日のように発信続ける世界の金融センター街、しかもその影響は絶大で、瞬時に全世界を駆け巡ります、すでにリーマンショックで経験済、それがウォール街。人間の強欲の最たる場所です。

　久し振りにウォール街を歩いて気づいたことは、富の象徴のような立派な新旧のビル群です。古いものには紋様が施され往時の繁栄が偲ばれますし、また、新しいものにはデザイン性の優れた機能が取り入れられていて通りがかりの観光客の目を奪っています。今では銀行などの本店はこのウォール街にはなく、ミッドタウンやニュージャージーに移っているそうです。そんな中大きな星条旗を掲げたある建造物が目に入りました。あのニューヨーク証券取引所です。さすが世界の金融センターの要は、建物も立派、今日は日曜日で休日、眠れる獅子といったところでしょうか。そしてビルの間から改修中のトリニティー教会が――。

　ウォール街の名前は17世紀当時オランダ人がインディアンやイギリス人からの襲撃を防ぐために造られた木の防護壁に由来します。そのあと商人たちが勝手に集まって取引しあったことが始まりだそうです。

　ニューヨークとウォール街の栄枯盛衰は、4年前のニューヨークからの帰りの飛行機の中で偶然に読んだ『ウォール・ストリート・ジャーナル』の記事（コラムニストジョン・スティール・ゴードン氏の執筆）が見事に活写しています。なかなか今読んでもいい記事なので、ここに最後の数行を再録してみましょう（リーマンショックから約1年後の記事です）。

「ニューヨークが何年もかけて培ってきたことをまたしでかすならば、時が教えてくれるはずだ。以前より大きく、より良く金持ちになって回復せよと。しかしながら、私はそのことに賭けたくないのだ。大人の中にある子どものように、広大な巨大都市の中心深くでは商売に浮かれ、持ちつ持たれつ金融街で働こうということがほとんどみられない。ここでは富の創造は今尚切なる願いなのだ」

ウォール街の大きな建物前の一角でチャイニーズ系の人が、手製のメッセージボードを掲げながら布教活動をしていたのが奇妙に見えましたが、半ば頷ける気もしないではありませんでした。ウォール街の強欲劇場では敗残者もいますから。それにしても大きな建物の下に小柄なチャイニーズ系の人、コントラストが見事でした。

ブリティッシュガーデン・アットハノーバー・スクエアを通り過ぎ、ウォーター・ストリートを渡り、イーストリバー沿いに出ました。CHINAの文字が大きく書かれたエンジ色の貨物船が停泊中で、その前方にブルックリン橋が見えてきました。初夏にしては日差しが強く、ジョギングしていた女性はノースリーブ姿、空には積乱雲が浮かぶ、リバーサイドさながらの光景でした。

ロウア・マンハッタンぶらり歩きも、サウス・ストリート・ポートの一角『ピア11』で一休み、昼食を取ることにしました。

急いで取り寄せた朝日文芸文庫の司馬遼太郎著『ニューヨーク散歩　街道をゆく＜39＞』。朝6時半にネットで注文したら夕方7時過ぎには届きました！　便利になりました。この『街道をゆく』シリーズは週刊誌連載時に読んだはずでしたが、悲しいものです、大半がすでに忘却の彼方でした。しかし、コロンビア大学日本研究の先駆者でドナルド・キーン氏の恩師の角田柳作の話や作家リーベ・英雄の妹の話などは覚えていました。本書は著者がコロンビア大学講演後にニューヨーク市内を散歩したことを綴ったものです。司馬遼太郎独特の視点が散りばめられていて面白く読めました。マンハッタン考古学、平川英二氏の二十二年、ブルックリン橋、橋を渡りつつ、ウィリアムズバーグの街角、ハリスの墓、コロンビア大学、ドナルド・キーン教授、角田柳作先生、御伽草子、ハドソン川のほとり、学風、日本語、奈良絵本、ホテルと漱石山房、さまざまな人達が目次で登場しますが、筆者はブルックリン橋から読み始め、最後はマンハッタン考古学で読み終えました。実は今年5月130周年を迎えたブルックリン橋でしたが、この橋の建設には1人の日本人測量技師がいました。その

ことを確かめるためこの本にあたろうと考えたのです（ブルックリン橋については書かれていましたが……）。その人の名は松平忠厚、長野県上田出身でブルックリン橋建設終了後もアメリカに住んで37歳の若さで亡くなりました。松平忠厚についてはノンフィクション作家飯沼信子著『黄金のくさび』に詳しく書かれています（灯台下暗しでした、筆者の2008年6月1日のコラムで言及していました）。

　さびれた雰囲気の『ピア 11』で昼食に中華ファーストフード店の鶏肉入り野菜炒めを食べたのですが、これがあまり口に合いませんでした。甘いのです。代わりに紙コップのビールで口直しをして終了。家人たちはというとサブウェイの大きめな野菜サンドイッチを食べていました。ここでの収穫はハットショップで洒落た帽子を"買ってもらった"ことでしょうか。

　再びのブルックリン橋は怪しい雲行きのもとマンハッタン側からブルックリン側への渡橋でした。自動車向けの通路と自転車や歩行者向けの通路の二層式の吊り橋で全長約2km。徒歩20分余りのアバンチュールは観光客とサイクリスト、それに橋上のショップでごった返しの有り様でしたが、それもまた楽しい橋上散歩の醍醐味。このときブルックリン橋はメンテナンス中で、塔の近くなど所々に白いシートが張られていました。何しろ炎天下、すれ違う観光客も汗を拭くのに忙しそうでした。**右側**にはスタテン島、貨物船、自由の女神、**左**側にはマンハッタン橋やウィリアムズバーグ橋が見え、行き交う船やフェリーそれにヘリコプターが摩天楼前を飛び交っていました。まるで絵葉書の中にいるようでした。

　ブルックリン側のふもとの水上タクシー乗り場付近で一休みしました。ここが有名なニューヨーク絶景撮影ポイントです。ニューヨークの絵葉書はこの辺りで撮影されているようです。夜景は幻想的です。ブルックリン橋もブルー色にライトアップしますし――。橋を徒歩で引き返すのを止めて、筆者たちも水上タクシーに挑戦することにしました。このリバーサイドエリアで結婚式を終えたばかりのカップルとご一行様に出くわしました。これでニューヨークに来て2回目、縁起が良いかも。20分くらい待って水上タクシーが到着しました。イーストリバー越えは行きが徒歩20分、帰りが水上タクシーでものの5、6分、しかし料金がかかりました。

　夜は家族と別行動をとり、ブロンクスのヤンキー・スタジアムでヤンキーズとメッツの試合を観戦しました。雨で遅れての試合でしたが、先発黒田投手の投球姿やイチロー選手の姿も観ることができました。1時間くらい観戦してホテルに帰りました。

　今治安が悪いのはニューヨークではブロンクス地区だそうです。

追記 1 『ニューヨーク散歩　街道をゆく＜39＞』のもう 1 人の主役は、コロンビア大学のバーバラ・ルーシュ教授やポール・アンドラ教授かも。ポール・アンドラ教授の件で評論家小林秀雄は神田「猿楽町」生まれと知りました。神田生まれまでは知っていたのですが、筆者にも大いに関係がある神田「猿楽町」とは——。さらにもう一つ。日米修好条約締結の立役者アメリカ総領事タウンゼント・ハリスはニューヨーク市教育長時代に経済的に恵まれない人のためにフリーアカデミーを私費で創設、その大学こそが現在のニューヨーク市立大学の前身だと教わりました。

　おまけにもう一つ。この本の 104 頁の次の個所に少なからず興味を抱きました。ドナルド・キーンについて言及しているところです。

「キーンさんのものごとをとらえる基本的な感覚は、"悲しみ"というものだと私は理解している。

　むろん、ここでいう悲しみは悲劇性というものではなく、人間はなぜ生まれてきて、なぜけなげに（原文には傍点があります）、あるいは儚く生きるのかという人間存在の根源そのものについての感応のことである。その感応は、芸術家のみがあつかう。

　もっともキーンさんは『本多利明の研究』にみられるように、すぐれた社会科学的資質を示す研究もあり、一筋縄で語れる学者ではないにせよ、その芸術的資質は学者にはめずらしいほどにすぐれている」

追記 2　ドナルド・キーン氏（91）の業績などを紹介する記念資料館「ドナルド・キーン・センター柏崎」が新潟県柏崎市にオープンしました。2007 年の中越沖地震で被災した柏崎市民を励まそうと、江戸時代初期の古浄瑠璃「越後国柏崎　弘知印御伝記」の 300 年ぶりの復活上演を 2007 年に企画。その縁で、地元菓子会社ブルボンが敷地を提供し、日本に永住を決めたキーン氏がニューヨークの自宅にあった蔵書約 1700 冊などを寄贈。ハドソン川を望む書斎や居間などを窓枠まで忠実に再現しました。業績の常設展示は珍しいとのこと。

　入館料は大人 500 円、中高生 200 円、小学生 100 円。休館日は月曜日。問い合わせは同館（0257-28-5755）へ。（10 月 8 日付「毎日新聞」夕刊より）

遥かなるニューヨーク

　哲学者森有正が、遥かなるノートルダムとタイトルをつけてパリから哲学的随想を書き送り、当時の雑誌『展望』に連載されたのはいつ頃でしたでしょうか。そこにはパスカル研究家森有正のキーワード、〈経験〉と〈悲しみ〉が横たわっていて、句読点のない長い文章につけ加えて、概念の厳密性を尊重してか、わざわざ傍点で記されるなどなかなか読みづらい文章でした。それでも何か感応しあうものがあったように思えます。もう遥か昔の出来事です。

　なぜニューヨークの旅日記の最終回にこのようなことを、しかも舞台はニューヨークではなくパリなのに、です。それは思いつくまま書いてきた最後に相応しい書き出しだからです。「旅とはある時ある場所である距離をもって自分を客体化してくれるもの」、偶然にもこんな言葉が浮かび上がって来ました、遥か昔高校時代に読んだ旅についての一節です。人生の節目で顔を出す言葉ですが、確か角川文庫だったと記憶しているのですが未だにその本を見つけ出せないでいます。

　遥かなる——この言葉の響きに時空を越えた広がりと深さを感じながら——ニューヨーク、そこには絵葉書で見る以上に人間のドラマが隠されているような感じを受けます。リバティ島の自由の女神はそれを見続けまた、護り続けています。右手にたいまつ、左手に本を抱えて。

　ニューヨークは成功を夢見て世界中から人々がやって来ます。成功者には大喝采、失敗者には素早い退場とプラグマティズムを地で行くアメリカンスタイルが備わっていて、ニューヨークはその典型的な相貌を呈しているような大都市として筆者には思えます。

　自由の女神のことに触れたばかりですが、悪いニュースが飛び込んで来ました。一気に現実に引き戻されました。自由の女神も国が管理運営している機関で、その政府機関が暫定予算不成立で閉鎖、一時帰休（レイオフ）が実施されたようです。17年振りで影響を受ける人の数は80万人だそうです。財政問題をめぐって民主党と共和党との対立が続いているためとメディアが伝えています。日本でも安倍首相が来年4月の消費税8％実施を表明しました。円安で生活必需品が上がり始めており、家計にじわりじわりと響いてくるのは必死です。アベノミクスは庶民をどう考えているのでしょうか。

　ニューヨークは今が最高の季節を迎えていて観光客もどっと押し寄せているようです。以前にも書きましたが、医療保険制度の一部修正を迫る共和党と見直し拒否を進める民主党が

議会で対立、事態の収拾がつかないまま暫定予算が不成立に終わり、そのため自由の女神など国の機関が運営している博物館などが閉鎖していて観光客が見学できないでいる異常状態が続いているそうです。観光客にとってはいい迷惑です。

　それでもニューヨークには魅力的な場所がたくさんありますから、想定外の旅を楽しんだらよいかも知れません。旅にはハプニングがつきものです。筆者もその例に漏れず家人が現地で２日間寝込んだため、当初のスケジュールが大幅に変更せざるをえませんでした。

　繰り返しになりますが、今回のニューヨーク旅行ではじめてビデオカメラを回し続けました。まだ操作が慣れていないにも関わらず、出来上がった映像を観てある程度の満足感がえられました。ビデオカメラの性能が数段進み、価格も以前ほどではなく手に入り易くなったことも一因でしょうか。おかげさまでもう二度とできないくらいの貴重な映像を撮ることができました。また、天候にも恵まれたことも映像に反映していて、鮮明かつ新鮮。写真では決して味わえないニューヨークの素顔そのものがそこにはあります。

　また、今回のニューヨーク旅行で最初に目に付いたのは、セント・パトリック教会やトリニティー教会など観光名所もそうなのですが、改修工事中のところが多かったことです。特にフィフスアベニューのメイン通り周辺が目立ちました。リーマンショックから立ち直ったような感じでしょうか。相変わらず車が多く、行き交う人たちの忙しそうな動き、時折救急車が走り喧騒の渦に、それでも日常生活は淡々としたもののように筆者には映りました。トウキョウとは一味も二味も違った大都市の理性と感性が働いているような感じを受けます。ニューヨークを訪ねる度に街がきれいになっていく様は旅行者にとっては気持ちがいいものですが、その陰には清掃員の不断の努力を忘れてはなりません。1980年代後半の時期は路上にはゴミが散乱、地下鉄の車両には落書きが横行し、街の美観が失われていました。それから四半期以上、街は清潔な街へ、明るい街へと変わりました。ニューヨーク市長や関係当局の努力の賜物でしょう。そして奇抜的なものを含めてデザイン性の優れた建物も散見——。

　今や芸術の都市はニューヨークですから、その活動の成果があちこちに見られるということはある意味では当然かも知れません。

　あの悲劇的な9.11から立ち直ろうとするニューヨーク、〈悲しみ〉を乗り越え、新たな〈経験〉を蓄積していくはずです。一旅行者に過ぎない筆者にはさらに人間的な街、強欲から他人の痛みのわかる愛情のある都市へ大きく変わって行ってほしいのですが……。

　遙かなるニューヨーク。

旅のおわりに

　Ｈ君、取り留めのないやたらに長い手紙を書いてしまいました。時には貴君のことを忘れてまでニューヨーク道中記を夢中になって綴りました。書き始めた季節が初夏でしたが、書き終えた今は秋たけなわです。時間の経つのが早く感じる最近の筆者ですが、内外の情勢も刻々変化、地球の自転速度が速まっている感じすら受けます。初夏でも猛暑だったニューヨークはさすがに大人の街といった風情でした。今度の旅は家人連れ、ある意味ではおさらいの旅でもありました。本当に碁盤の目のようなニューヨークを通りに沿って縦にも横にも歩きたい気になります。そこにはまた新たな不思議な発見がありそうな気配を感じます。そこがニューヨークのチャーミングなところです。魅力が街一杯に広がっている感じがします。マンハッタン、ブロンクス、ブルックリンそしてクウィーンズとニューヨーク市は広いですが、筆者はそのほんのわずかな地域に触れたに過ぎません。しかし大きな手応えがありました。もっとニューヨーク大学周辺地区やチャイナタウン周辺、ブルックリンの先端流行地区、そしてマンハッタン島を一周し北端へも行きたかったのですが、何せ時間がゆるしてくれません。この旅で２日間寝込んでいた家人の言い草が奮っています、お金を貯めて再来年にまた行きたいな、ですと。

　Ｈ君、いかがでしたか。こんなに長い時間拙い駄文にお付き合いさせてしまい、誠に申し訳ありませんでした、これに懲りずまたお付き合いください。ありがとうございました。
　時節柄ご自愛ください。　　　　　　　　　　　　　　　　　　　　　　　　　敬具

付記　この旅エッセー『超人のニューヨーク訪問記　2013年初夏』は2013年5月29日〜6月3日までニューヨークに滞在した旅の記録です。旅行終了後断続的に4ヶ月にわたって筆者のブログ『超人の面白半分日記』に掲載したものと新たに書き下ろしたものを加えてまとめたものです（2013年10月31日　記）。

改訂版に寄せて

　拙著、旅エッセー『超人のニューヨーク訪問記　2013年初夏』を10ヶ月振りで読み返しました。いろいろな思いがこみ上げてきましたが、今思えば、結婚記念日、愚息のニューヨークでの大学卒業式という行事が重なった、言わば、人生の節目の家族旅行の意味合いが強いニューヨーク旅行でした。外国旅行は楽しいものです。特にニューヨークは何度行っても興味が尽きません。冬の顔、初夏の顔、秋の顔と季節によって見せる表情が違います。観光旅行でも結構、ともかく外に出て空気を味わってみることです。それだけでもいろいろな発見があるはずです。それは日常から解放されて自由になれるからです。自分を見詰め直す良い機会を提供してくれます。

　「旅とは、ある時ある場所である距離をもって自分を客体化してくれるもの」（本文44頁）、筆者はいまこの言葉を噛みしめています。

　この機会に、思い込みで書いてしまったところ、事実と違うところを正し、誤解しやすい文章や語句、それに分りにくい文章をできるだけ平易に直しました。また、表記のゆれについても統一を図りました。

　2014年8月15日　恒久の平和を願いつつ酷暑の横浜の自宅にて